TODO SANTO DIA

ANDREZA CARÍCIO

TODO SANTO DIA

Copyright © 2022 by Literare Books International.
Todos os direitos desta edição são reservados à Literare Books International.

Presidente:
Mauricio Sita

Vice-presidente:
Alessandra Ksenhuck

Capa:
Mediappeal - Keli Nonato

Projeto gráfico e diagramação:
Paulo Gallian

Coach literário:
Sibelle Pedral

Revisão de texto:
Rodrigo Rainho

Diretora de projetos:
Gleide Santos

Diretora executiva:
Julyana Rosa

Relacionamento com o cliente:
Claudia Pires

Impressão:
Gráfica Impress

Dados Internacionais de Catalogação na Publicação (CIP)
(eDOC BRASIL, Belo Horizonte/MG)

C277t   Carício, Andreza.
        Todo santo dia / Andreza Carício. – 6.ed. – São Paulo, SP: Literare Books International, 2022.
        16 x 23 cm

        ISBN 978-65-5922-358-9

        1. Autoconhecimento. 2. Meditação. 3. Técnicas de autoajuda. I. Título.
                                                     CDD 158.1

Elaborado por Maurício Amormino Júnior – CRB6/2422

Literare Books International
Rua Antônio Augusto Covello, 472 – Vila Mariana – São Paulo, SP.
CEP 01550-060
Fone/fax: (0**11) 2659-0968
site: www.literarebooks.com.br
e-mail: contato@literarebooks.com.br

DEPOIMENTOS SOBRE A OBRA

Olá, prazer! Meu nome é Geraldo Rufino, um Geraldo Rufino antes, mas o que vou apresentar agora é o novo Geraldo Rufino, pós-leitura do livro Todo santo dia, escrito pela minha grande amiga Andreza Carício, que é um ser humano especial e diferenciado. Essa leitura vai fazer toda diferença em você e na sua vida, assim como fez para mim. Um Geraldo Rufino antes e um Geraldo Rufino depois. Por acaso você já se pegou se perguntando quem é você? Qual seu propósito? Qual seu objetivo de vida? O que você está fazendo neste planeta e quais são principalmente suas referências e valores? E quais atitudes podem ser feitas diariamente para mudar a sua vida e transformar o seu destino? Se você tem vontade de entrar em contato com força e poder todos os dias, este livro é uma grande oportunidade, pois faz com que você se conecte com a sua essência e desperte o que existe de melhor em você e nas pessoas que estão a sua volta. É isso que o conteúdo do livro proporciona. Simples assim. Quando você ler irá me entender. Boa leitura!

Geraldo Rufino, empresário, escritor e palestrante.

. . . .

Se você já sentiu um vazio, falta de energia e até uma tristeza sem entender o motivo, Andreza Carício, com maestria, mostra como você pode acordar e manter-se com uma energia inesgotável, sentir a felicidade tão desejada de alma. E o melhor de tudo! Como fazer isso de forma prática e simples, todo santo dia!

Rodrigo Cardoso, escritor e palestrante.

Não importa o projeto que você queira realizar na vida, necessariamente vai precisar de energia para colocar suas ideais para funcionar. Neste livro, Andreza Carício apresenta atitudes simples e práticas para você ter energia e evoluir todo santo dia na direção de ter aquilo que realmente importa para sua vida. Leia, aproveite e, principalmente, coloque em prática o que você vai ler aqui.
Geronimo Theml, escritor, palestrante internacional e treinador.

....

Não deixe o medo, desânimo e nada de negativo parar você, Deus sempre alimenta e nutre quem faz o bem para o bem. As pessoas nunca vão invejar sua renúncia, seu jejum e seu sacrifício e certamente sua colheita e do seu sucesso. Todos querem nossas medalhas, mas ninguém quer as cicatrizes. Que Deus abençoe Andreza e todas as palavras escritas neste livro.
Claudio Duarte, pastor.

....

Este livro é verdadeiramente transformador, porque quando me perguntam como eu ajudei a criar uma marca mundialmente conhecida como a Tommy Hilfiger eu falo: atitude. Este livro traz de forma clara, mas com base cientifica, atitudes que vão mudar sua rotina e transformar sua vida.
Joel Horowitz, co-fundador da marca Tommy Hilfiger.

....

Andreza mostra sua percepção de realidade, como ela conseguiu transformar sua vida estabelecendo novos patamares com atitudes simples. Todo santo dia leva o

leitor a experimentar uma reflexão sobre sua rotina e aspectos que normalmente a grande massa ignora, impedindo assim que você alcance a sua melhor forma no corpo e mente.
Dr. Juliano Pimentel, escritor, médico e palestrante.

"Todo santo dia" está repleto de dicas objetivas sobre como melhorar sua vida, usando os acontecimentos externos em seu favor. Seu conhecimento colocado em prática nos leva para longe de uma rotina estressante e nos aproxima de uma vida com mais leveza e significado. Este livro ajuda você a experimentar um novo estilo de vida: mais energizado e centrado no que verdadeiramente importa. Andreza escreve de forma simples e prática, e traz a ciência para comprovar que é possível ter a vida que verdadeiramente se deseja, todo santo dia.
Marcelo Leeman, treinador de inteligência emocional.

É sempre bom ver mais uma poderosa entrar para o mundo da literatura e das palestras. Este é um livro prático, que com certeza ajudará muito a quem o ler. A Andreza escreve muitas coisas que eu também gostaria de ter dito. Recomendo!
Leila Navarro, palestrante e escritora.

Acredito que somos seres duais, que nossa luz e nossa sombra devem ser compreendidas e respeitadas. Para isso é preciso nos humanizar sem, contudo, desacreditar da nossa centelha divina, do nosso Deus interior. Esse movimento de conexão com nossas partes (humana,

divina, luz e sombra) fica muito fácil de ser compreendido com a leitura de "Todo santo dia", um livro de uma delicadeza tão profunda e com a qual me sinto intimamente conectado. Evoluir é um exercício diário, um dia que desistimos da busca por ser melhores nos tira o poder de chegar mais rápido em um próximo nível.
José Roberto Marques, presidente do IBC.

Existe uma frase em inglês, quase um mantra para muitos, que nos ensina: "Be Here Now". Tão simples e tão difícil esta tarefa de estar no momento presente, escutar e ver de verdade para poder promover a mudança no único tempo possível. O livro de Andreza Carício vem como um convite a redescobrir o agora. E com ele, as infinitudes de possibilidades que a vida tem quando estamos atentos a percebê-las.
Eduardo Moreira, empresário, palestrante e escritor.

Na trilha do sucesso e da prosperidade, o importante é dar um passo de cada vez, sem jamais esmorecer. Se tiver que desistir de algo, desista de desistir. O que parece impossível é, na verdade, feito de várias partes possíveis. O ponto é manter-se em movimento, com determinação, e fazendo sempre mais que o necessário. Andreza Carício traz em "Todo santo dia" dicas preciosas de como se manter no caminho do desenvolvimento, dando o melhor de si. Uma leitura para inspirar a mente e renovar a alma.
Janguiê Diniz, fundador do Ser Educacional, grupo de ensino superior e do Instituto Êxito.

Todo santo dia, faça o que tem que ser feito. Não dependa da sua motivação para agir, pois essa será uma luta sem vitórias. Pense, se você encontrar a motivação por 30 dias no seu ano, restará ainda 335 dias, ou seja, para conquistar uma vida de propósito não dependa de motivação, mas sim de disciplina, essa que fará você fazer tudo o que tem que ser feito todo santo dia. Este livro é sobre isso, sobre fazer e não esperançar.

Vinicius Possebon, criador do método Queima de 48 horas.

....

De que adianta um mundo cheio de abundância se dentro de você a fome emocional lhe devora? Você se sente ansioso, se sente cobrado por todos os lados, se compara com os outros o tempo inteiro, acumula culpas e ansiedade. Você pode até ter tudo que deseja no âmbito material, mesmo assim a paz não surge, o equilíbrio não vem. O estado de vazio existencial é a causa de muitos dos maiores problemas da humanidade, infelizmente o que mais se vê são pessoas tratando essa questão com remédios ineficientes ou com métodos absurdos que só pioram as coisas. Andreza Carício foi absolutamente feliz em trazer de forma simples e prática o caminho para mudar esse cenário. Em poucas páginas você vai compreender o caminho para a jornada mais importante da sua vida: ser tudo o que você nasceu para ser!

Bruno Gimenes, escritor, empresário e palestrante.

....

Sou de natureza empreendedora e por isso sei a importância de um livro como este da Andreza. Para vencer empreendendo há que se ter todo santo dia muita

determinação, resiliência e persistência. Este é um livro que poderá causar transformação nos leitores.
João Kepler, escritor, empreendedor e investidor-anjo.

A chave para a liberdade individual é o autoconhecimento. Nesta obra, Andreza Carício apresenta os caminhos para que você invista em se conhecer cada vez mais e melhor para ser uma alma livre.
Sandro Magaldi, escritor e empreendedor.

Desde que adentrei no surpreendente e essencial universo do autoconhecimento, aprendi que sentimos, pensamos e agimos de modo semelhante ao das pessoas com quem mais convivemos. Essa dinâmica faz muito sentido, uma vez que nos mantemos próximos daqueles com quem, por alguma razão, consciente ou inconscientemente, nos identificamos. Mas o melhor desse fato é que podemos escolher com quem queremos compartilhar nossas vidas. E os escolhidos chamamos, sobretudo, de amigos. Pessoas com quem, por afinidade de almas, construímos cumplicidade, confiança, admiração e respeito. E depois de uma conversa totalmente despretensiosa, a Andreza se tornou, sem dúvida, uma das minhas escolhidas. Descobri que essa mulher é como um profundo e envolvente ritual de amor. A gente começa a ouvir o que ela é e, quando se dá conta, já está completamente seduzida por seu jeito gentil e suave de estar no mundo. O que era para durar uns 10 minutos, se tornaram horas de perguntas e curiosidades sobre seus hábitos e sobre o olhar

atento e lúcido que ela tem sobre a vida! Dá vontade de saber mais, de fazer igual. E sabe o que é melhor? Ela tem um prazer delicioso de ensinar. Que sorte a nossa por ela ter escrito este livro. Um verdadeiro manual de como se conectar com o néctar daquilo que o mundo nos oferece de melhor. Todo santo dia quero aprender com você, Andreza querida! Obrigada por ser esse ritual de amor em nossas vidas!
Rosana Braga, escritora, psicóloga, especialista em autoestima e relacionamento.

. . . .

Nessa vida moderna contaminada hoje por tantas cobranças externas, ansiedade, imediatismo, expectativas, nos deparamos com vários momentos nos quais estamos frustrados, sem energia, sem muitas vezes ver um horizonte. Mudar o mundo até é possível, mas leva tempo, paciência e uma conscientização coletiva. O mais rápido e eficiente é mudarmos nós mesmos, primeiro para aprendermos a lidar com essa panela de pressão que é viver nos tempos de hoje e a forma de fazer isso é mudar a nossa atitude. Essa é a proposta da minha amiga Andreza nesta obra que ela entrega com primazia. Recomendo a leitura e, sobretudo, colocar em prática tudo que ela compartilha!
Mauricio Patrocinio, empresário, escritor e palestrante.

. . . .

Um livro sério, elaborado com bases científicas. Uma obra que mostra as atitudes para conquistarmos uma vida mais feliz e plena de realizações.
Reinaldo Polito, escritor e especialista em comunicação.

Quem conheceu o trabalho que desenvolvi como CEO do Grupo Silvio Santos, por 28 anos, sabe a importância que sempre dei contra predadores de energia. As atitudes positivas propostas por este livro têm importância capital para uma vida equilibrada e de sucesso. Gostaria muito de ter lido este livro algumas décadas atrás, por isso recomendo que seja lido agora. Há muito aprendizado prático nele.

Luiz Sebastião Sandoval, escritor e ex-executivo do Grupo Silvio Santos.

···

Você precisa ler este livro para entender do que se trata a vida, ou seja, ser feliz. Tenha um estilo de vida todo santo dia. A partir da leitura, você terá as informações necessárias para tomar melhores decisões e fazer melhores escolhas.

André Carício, arquiteto.

···

Todo santo dia foi uma experiência incrível de profunda conexão. Andreza conseguiu ser genial em sua objetividade e grandeza. Não se trata de um livro de autoajuda, mas um manual, com embasamento científico, que apresenta alterações poderosas em todas as esferas. Como sempre digo, mudar uma crença é simples, acreditar que amanhã vai ser melhor é fácil. O desafio sempre é fazer algo aqui e agora. Isso mudou completamente após o Todo santo dia. Parabéns, Andreza, e muito obrigado por todas as ações que me trouxe com sua obra!

César Bueno, neurocientista, pesquisador em Harvard e Master Trainer em PNL.

Sonhos são feitos para serem sonhados juntos e para se tornarem realidade, e todos nós podemos transformar nossas cinzas em um novo começo, com ações e atitudes de mudança. E o livro Todo santo dia entrega mudanças de forma clara. Vamos todos juntos ao Exército do Bem e que Deus abençoe a todos.
Leandro Cunha, treinador em inteligência emocional e criador do Missão Fênix.

....

O recurso mais escasso no mundo moderno não é o tempo, mas sim o "momento presente". Neste livro, Andreza Carício nos brinda com uma deliciosa experiência de imersão naquilo que vivemos procurando sem saber que já possuímos: nossa capacidade de viver plenamente a felicidade no agora. Com uma linguagem encantadora, o livro nos revela uma nova visão sobre a realidade que nos cerca e ainda nos ensina como implementá-la em nossa vida. Será impossível ler este livro sem, no final, sentir uma imensa sensação de gratidão por cada santo dia em nossas vidas.
Maurício Louzada, palestrante.

....

No livro Todo santo dia você vai encontrar ferramentas com o poder de transformar a sua vida e fazer com que conquiste a dádiva que tem transformado milhões de vidas: a resiliência humana todo santo dia!

Robson Hamuche, escritor, palestrante e empreendedor.

AGRADECIMENTOS

Uma das atitudes mais poderosas, que deve ser praticada *todo santo dia*, é a gratidão. Ela abre caminho para que o bem aconteça cada vez mais em nossas vidas. Hoje, exercito a gratidão de uma maneira muito forte: escolhi agradecer pelas coisas boas e pelas coisas ruins que me ocorrem.

Sei que sou o resultado das minhas escolhas e tudo o que me acontece deve servir de aprendizado ou inspiração. Sendo assim, agradeço, amplamente, a todos que de alguma forma fizeram parte da minha jornada e contribuíram para que eu seja hoje quem sou, me trazendo alegria ou tristeza.

Agradeço ao meu amado marido, Tiago, por ser tão paciente e amoroso comigo; às minhas filhas, Lise e Laís, os maiores tesouros da minha vida; aos meus pais, que me deram a vida e os valores que hoje me movem; à minha família, principalmente à minha irmã, Roberta, aos meus irmãos, André e Vicente, e às minhas sobrinhas, Carolina e Fernanda, que me ajudam a permanecer firme nos momentos difíceis.

Aos amigos Marcelo Leeman e Rodrigo Cardoso, que estiveram muito próximos a mim nesta jornada.

À minha querida amiga e jornalista Sibelle Pedral, por estar junto comigo no processo mágico, mas ao mesmo tempo tão desafiador, que foi escrever esta obra. A sua chegada foi fundamental para o caminho que a obra tomou. Serei eternamente grata!

Por fim, para finalizar com o mais importante, a Deus, pela oportunidade de me permitir participar *todo santo dia* deste livro chamado vida.

"Em teu nome se alegrará todo o dia, e na tua justiça se exaltará."
Salmos 89:16

APRESENTAÇÃO

Quem sou eu e por que fiz este livro

Meu nome é Andreza Carício. Nasci no Recife, de uma família de classe média. Meu pai foi assassinado em uma tentativa de latrocínio. Minha mãe chorou sua morte por anos. Meu primeiro marido, bem mais velho do que eu, ocupou o "lugar" do meu pai, de certa forma; era um homem extremamente inteligente e comunicativo, sua autoconfiança reforçou fragilidades que já existiam em mim. Meu segundo marido me deu duas filhas e me dá todos os dias um amor que me faz evoluir na minha humanidade. Sou uma profissional do Direito. Sou tabeliã no interior de São Paulo. Sou mulher, mãe, esposa, filha, palestrante, escritora e CEO da marca Todo Santo Dia. Sou tanta coisa que não caibo em rótulos. Não há caixa que me enquadre. Sou uma pessoa em constante transformação e por isso estou aqui, minha alma e meu coração derramados neste livro. Estou aqui por acreditar que só deixamos de nos transformar quando deixamos de existir, e que essa é a grande mágica da vida. Estou aqui para dizer: "Você pode se transformar no que quiser. Na sua melhor versão. Mas ninguém vai fazer isso por você. Nem precisa. Todas as chaves e ferramentas estão no seu coração, que tudo sabe e tudo entende".

E, no entanto, precisamos de alguém que nos diga isso de vez em quando. Esse é o porquê deste livro.

Nunca escalei o Everest. Não sou uma *YouTuber* com 25 milhões de seguidores. Não construí um negócio com filiais nos cinco continentes – tudo o que fiz foi abrir um cartório. É deste lugar, da minha "normalidade", que falo com você. Não quero me vangloriar de grandes feitos, apenas dos pequenos e grandes desafios que fui superando dia após dia, e que possivelmente são parecidos com os seus. O que me trouxe até aqui foi uma descoberta que fiz: eu entendi qual foi a alavanca da minha transformação. Ela se chama TSD, o acrônimo para Todo Santo Dia, o título desta obra. Só buscando me transformar *todo santo dia* é que consigo mudar de verdade. Com consistência. Com sabedoria.

Antes de continuar esta nossa conversa, quero lhe dizer de onde vim – que lar emocional, um conceito que prezo muito e que ficará cada vez mais claro ao longo deste livro, me moldou. Sou filha caçula e cresci com dois heróis: meu pai e minha irmã, meus ídolos de força e determinação. Meu pai se chamava Severino e conduzia sua vida de acordo com uma máxima: "Pode chorar lágrimas de sangue que eu não mudo de ideia". Para mim, essa frase era a representação mais perfeita do que significava ser uma pessoa segura e autoconfiante. Minha irmã era como ele. Minha mãe fazia o estilo "boazinha", desejando agradar a todos e preocupando-se muito pouco com ela mesma. A princípio, tinha uma energia de insegurança que se conectava com a minha. Foi somente após a morte do meu pai que essa mulher guerreira descobriu dentro de si toda a força que tinha e cumpriu sua jornada de herói. Ela, que se casou aos 19 anos com o homem que namorava desde os meus 15 (o único), e muito mais velho do que ela, mal ia sozinha à padaria. Hoje faz tudo com autonomia – até cruzar o país de avião para me ver.

Pois, a exemplo da minha mãe, eu me casei aos 19 anos com o meu único namorado, que conheci aos 15, e que era dez anos mais velho do que eu.

Nosso inconsciente é danado e nos prega peças, mas nem sempre nos damos conta disso. Meu lar emocional havia feito de mim uma mulher insegura.

Quando eu era menina de colégio, fiz uma dissertação. A professora, tia Teresa (nunca vou me esquecer dela), leu e comentou comigo: "Tão bonita a sua redação, Andreza. Você poderia escrever um livro!" E eu só conseguia pensar: quem vai querer ler o que escrevi? Quem vai querer me ouvir?

A insegurança foi minha companheira mais constante. Achei que a venceria me casando com um homem mais velho. Depois, achei que a venceria na terapia. Em outra fase, achei que a venceria tendo um negócio de gente grande – um cartório. Eu estava errada.

É bem verdade que o cartório me deu um propósito de vida. Quando alguém faz um contrato, somos eu e meus livros que atestamos sua legitimidade. Quando duas pessoas se unem, atesto, por meio de pesquisas de cartório, que os cônjuges não estejam unidos no papel com outras pessoas.

Quando se separam, eu as ajudo a recomeçar em termos mais justos. Quando morrem, asseguro que suas últimas vontades sejam cumpridas. Em suma, cartório é um empreendimento onde se fala de justiça, segurança e bem-estar.

Eu estava feliz e entusiasmada com o meu trabalho. Porém, mesmo com um propósito claro para nortear meus dias, eu não venci a insegurança. Tanto que, a certa altura, outra vez senti que a vida parecia desandar: o cartório não estava indo bem, eu estava assoberbada pela maternidade (minha filha mais velha tinha cinco meses quando engravidei da segunda) e sentia um incômodo interno que eu não conseguia explicar. Faltava alguma coisa.

Eu vinha pesquisando muito sobre cursos de desenvolvimento humano. Uma voz dentro de mim dizia que o conhecimento e o compartilhamento de experiências poderiam me ajudar. Comecei a estudar quem seriam as pessoas que eu poderia ouvir e cheguei a Tony Robbins, um escritor e palestrante norte-americano que define-se como "estrategista de vida e de negócios" e corre o mundo falando sobre autoaperfeiçoamento. Haveria um encontro com ele dali a poucos meses em Las Vegas. Fiz as contas, me inscrevi, fui. A palestra, sobre Programação Neurolinguística (PNL), foi linda e me ensinou muito, mas o mais notável foi que, em dado momento, Tony desceu do palco, caminhou até mim, me abraçou e voltou, retomando sua fala. Havia vários brasileiros presentes, e eles e eu nos perguntávamos: por que eu?

Momentos assim aconteceram muitas vezes depois disso. Compreendi, de alguma maneira, que eu tinha facilidade para criar conexões com as pessoas. Minha insegurança foi se apequenando...

A grande virada de chave aconteceu em outro treinamento de PNL, uma metodologia pela qual fui me apaixonando dia após dia. O curso previa uma dinâmica sobre sonhos com parceiros sorteados ao acaso, e minha parceira nessa atividade era uma senhorinha muito, muito idosa. Brinco nas minhas palestras que ela deveria ter uns 200 anos; exagero, claro, mas dá uma ideia da distância entre nós. A essa altura, 2017, eu já estava no segundo casamento, tinha minhas duas filhas, era uma liderança respeitada no meu trabalho e vinha ganhando a guerra contra a insegurança. Mas aquela senhora me mostrou que faltava algo importante.

"Quais são os seus sonhos?", ela começou.

Eu pensei longamente. Olhei para minha infância no Recife, para os desafios que eu tinha enfrentado e superado e respondi, me "achando":

"Eu já realizei todos!"

Minha parceira de dinâmica me olhou com olhos gentis.

"Eu tenho muitos sonhos. Quero viajar para a Itália, que não conheço, quero aprender a tocar piano..." A lista de sonhos daquela mulher era interminável.

Comecei a chorar. Naquele momento, percebi que estava cuidando de tudo e de todos, menos de mim. Eu sabia muito sobre leis, sobre a profissão que abracei, mas pouco sobre mim, sobre o que eu queria. "Não ter sonhos" não era – não poderia ser – uma resposta válida. Se não sei quais são os meus sonhos, é sinal de que parei de me ouvir; sim, pois é da natureza humana nunca parar de sonhar – a questão é que *paramos de nos ouvir*. Por fazer coisas demais, eu tinha fechado meu coração para os sonhos.

Então, mergulhei em busca deles. Eu queria ser escritora. Queria ser palestrante. Queria que outros vivenciassem as bênçãos de se conhecer e de extrair o melhor de si, *todo santo dia*. Queria estender a todos, e a você, que me lê, o convite mais extraordinário que já recebi: o de olhar para dentro, perceber-se, buscar novos significados para quem somos e para o que desejamos.

Houve outros cursos, dinâmicas, aprendizados, individual e em grupos, que me mostraram a beleza do copo vazio: só quando está assim é que podemos enchê-lo com conhecimento. Lembro-me de uma vivência, em particular, que me incitava a me conectar com a minha criança interior e com quatro emoções primitivas da nossa natureza: medo, alegria, raiva e tristeza. Compreendi que viver é desconstruir o que sabemos e erguer novos edifícios de conhecimento, o tempo inteiro. Por vezes, dói demolir e criar algo diferente, mas o que vem sempre é mais bonito, mais maduro. Nunca deixamos de nos transformar. A clareza liberta.

Nenhum dos meus aprendizados me capacita a transformar você, porque só uma pessoa conseguirá esse feito: você mesmo. O ímpeto de transformar alguém é um fardo injusto no coração do outro. Eu mesma já desejei que alguém pudesse me transformar; há alguns anos, em um momento de angústia, me recordo de ter ouvido as palavras do padre Fábio de Melo como se fossem um oráculo. Pensei: "Ele vai me transformar!". Padre Fábio me trouxe muita serenidade, mas a transformação interna que ocorre em mim há alguns anos e me levou a escrever este manual de bem viver tem uma protagonista: eu mesma.

O título deste livro, *Todo santo dia*, é a minha filosofia de vida. *Todo santo dia* evoca consistência: somente eu, apenas eu, se me empenhar todo santo dia, conseguirei levar para a minha vida a transformação que desejo ver nela. *Todo santo dia* evoca também o milagre cotidiano e a religiosidade – um elemento que marca a minha trajetória. Sinto ao meu lado, o tempo todo, a presença forte do meu Deus, me amparando e me fortalecendo. Tenho uma relação forte e íntima com Ele. Porém, escrevi este livro para pessoas de todas as crenças, ou mesmo sem nenhuma crença no divino, acreditando que todos podem tirar proveito das lições que colhi ao longo de uma vida que teve depressão e desespero, alegria e redenção. Como a sua.

Se você me permitir, gostaria de oferecer uma sugestão de leitura. Não tenha pressa em acabar este livro. *Todo santo dia*, leia uma lição com a alma e a mente abertas, sem escudos. Pegue um lápis ou uma caneta marca-texto e assinale o que capturou sua atenção ou falou mais profundamente ao seu coração. Feche o livro e reflita. No mesmo dia, ou no seguinte, tente aplicar aquele conselho ao seu cotidiano. Então, passe para a próxima.

Meu ser transborda de amor pelo próximo. Minha intenção é que você conquiste paz e felicidade por meio do mergulho interior que o convido a fazer a partir de agora.

Que esta obra seja sua companhia *todo santo dia*.

PREFÁCIO

Os cientistas Daniel Read e Barbara van Leeuwen publicaram um artigo científico intrigante no final da década de 1990, algo que faz com que pensemos melhor nas escolhas que fazemos todos os dias. Read e Leeuwen pediram para centenas de pessoas escolherem uma guloseima de sua preferência, e prometeram que a entregaria **uma semana depois**. Entre as guloseimas, havia chocolates, bolachas, amendoins japoneses, bananas e maçãs. Como você pode imaginar, a maioria das pessoas escolheu frutas para comer na semana seguinte, ou seja, os participantes do estudo realizaram uma escolha saudável para o **futuro**.

Uma semana depois, os cientistas retornaram ao local de trabalho dos participantes do estudo para entregar as guloseimas, porém, avisaram aos participantes que eles poderiam escolher **qualquer item disponível**, não tendo a obrigação de pegar a guloseima que haviam escolhido na semana anterior. O que você acha que aconteceu? Na sua maioria, aqueles que escolheram frutas para comer depois trocaram seus itens por guloseimas que faziam mal à saúde, como chocolates e bolachas.

E assim são nossas escolhas: nós sempre acreditamos que podemos deixar as melhores opções para **amanhã**! Hoje, nós nos permitimos fazer escolhas que fazem mal para a nossa saúde, para nossos relacionamentos, para o nosso sucesso, para a nossa carreira, para os nossos sonhos, para o nosso casamento... Mas só **hoje**! E por mais que tenhamos toda a força de vontade do mundo, o amanhã logo se torna **hoje** novamente. E dessa forma vamos adiando todas as decisões que fariam a nossa vida melhor. Será que realmente pensamos racionalmente? Será que o tradicional conceito do homo-economicus – de que o ser humano **sempre** toma a decisão que será melhor para o seu futuro – de fato se aplica ao dia a dia? Esse e centenas de outros estudos mostram que não. Nós estamos longe de ser racionais, pois sempre existem forças que influenciam nosso comportamento.

No entanto, como a ciência explica, nem todos os seres humanos são iguais. Alguns, por fatores que fogem do entendimento da maioria, conseguem tomar decisões que os beneficiam. Não por causa de um dom ou de alguma habilidade especial, mas porque esses humanos adquiriram algo chamado **resiliência** – uma paixão gigantesca por objetivos de longo prazo, mesmo que esses objetivos os façam sofrer no presente! Essa resiliência e esse otimismo não acontecem por acaso, pois são frutos das decisões que as pessoas tomam **todo santo dia**! Na minha trajetória pelo mundo da ciência, uma estrada que percorro há 16 anos, descobri que pessoas otimistas são 300% mais criativas, vendem até 88% a mais, são 31% mais criativas, têm melhores sistemas imunológicos, têm melhores relacionamentos, têm maior probabilidade de ter sucesso, ganham mais e vivem mais. Porém, muitas pessoas acham que ser otimista é ser um sonhador, é ser alguém que acredita que o mundo é perfeito, é ser alguém que acredita que basta pensar positivo para as coisas acontecerem, é ser alguém que acha que as dificuldades nunca o atingirão. Essa pessoa não é a Andreza!

No dia em que eu li **Todo santo dia** e conheci de perto a história da minha grande amiga Andreza, eu conheci a trajetória de uma pessoa que passou por grandes dificuldades na vida, de alguém que foi pressionada pela força da sociedade a tomar decisões que não tiveram bons resultados, de uma mulher que foi levada a sentir que valia menos do que um homem, de uma pessoa que tinha tudo para passar despercebida neste planeta. Mas, apesar das circunstâncias que a vida apresentou à Andreza, esse não foi o desfecho da sua história.

A cientista Sonja Lyubomirsky, da Universidade da Califórnia, descobriu que nossa felicidade é 50% determinada por nossa genética, 10% determinada pelas circunstâncias da nossa vida e, finalmente, 40% relacionada com as escolhas que fazemos **todo santo dia**. É isso mesmo, 40% da sua felicidade depende apenas das suas escolhas! Andreza viveu em um mundo machista, casou-se cedo, mudou de Recife para São Paulo e formou-se em Direito, mas eram apenas circunstâncias de sua vida, ou seja, apenas 10% da sua felicidade. Como a maioria das pessoas, Andreza poderia ter se conformado e aceitado o destino que **escolheram** para ela, mas não foi isso que aconteceu. Talvez através de uma mensagem lá de cima, Andreza descobriu que 40% da sua felicidade dependia apenas dela, assim, ela lutou e mudou as circunstâncias de sua vida, conquistando aquilo que muitos chamam de "sorte".

Daniel Kahneman, cientista da Princeton e ganhador do Prêmio Nobel, descobriu em suas pesquisas que nossa felicidade é determinada por nossas escolhas diárias! Ao longo de nossas vidas, ganhar muito dinheiro ou apenas o suficiente muda pouco a forma como vivemos cada dia no futuro, pois acabamos nos acostumando com as circunstâncias da vida. Porém, a forma como escolhemos viver o hoje faz toda a diferença em nosso futuro.

Andreza lutou contra todas as tentações e escolheu mudar o **hoje** em sua vida, através de escolhas que fez **todo santo dia**. Escolhas que na maioria das vezes a fizeram sofrer num primeiro momento, mas que hoje resultam em um sucesso raro de se encontrar na sociedade onde vivemos. Andreza não permitiu que as circunstâncias da vida determinassem seu futuro – um casamento frustrado, uma mudança de cidade, uma formação acadêmica, uma segurança financeira –, pois sabia que **todo santo dia** podia tomar decisões que iriam mudar sua vida para melhor.

A renomada cientista da Universidade da Carolina do Norte, Barbara Fredrickson, revela através de décadas de pesquisas que devemos ter três emoções positivas para cada emoção negativa em nosso dia a dia. Muitos experimentos conduzidos por ela e por diversos outros cientistas demonstram que essa proporção de 3:1 se aplica em todas as áreas da nossa vida. Quando nos esforçamos para atingir essa proporção, consequentemente nos transformamos em um ser **otimista**. Entendeu agora por que o otimismo não é um dom? Ele é **construído** por como você escolhe viver seus dias. Uma notícia não tão boa que eu gostaria de compartilhar contigo é a de que emoções negativas são **inevitáveis** em sua vida. Você **nunca** estará livre de levar uma bronca do seu chefe, de ser maltratado por um cliente, de ser fechado no trânsito, de ser demitido, de se separar do seu parceiro, de perder um ente querido ou de ter uma doença grave. Mesmo que não escolha passar por emoções negativas, em algum momento a emoção negativa **escolherá você**. O que os cientistas comprovam é que o quanto você sofre para sair desses momentos negativos é o resultado de quantas emoções positivas você construiu **antes**. Quem não alcança a proporção de 3:1 raramente escapa de momentos ruins da vida e, muitas vezes, acaba entrando em depressão.

Eu nunca coletei dados sobre a vida de Andreza, nem publiquei um artigo científico sobre a vida da minha amiga, porém, o que posso garantir por observação é que ela soube **escolher** viver o máximo de emoções positivas possíveis a cada dia. O cientista Tal Ben-Shahar afirma, em uma de suas obras, que nem todas as coisas que acontecem em nossas vidas são para o melhor, mas podemos escolher tirar o melhor das coisas que acontecem em nossas vidas. Se não fosse assim, Andreza nunca teria conseguido superar as dificuldades que a vida proporcionou. A história da mulher de extremo sucesso, hoje esposa do Tiago e mãe da Lise e da Laís, teria sido bem diferente se ela não tivesse feito, **todo santo dia**, as escolhas que determinaram a sua história.

Por esses e outros motivos é que eu aconselho fortemente que você siga todos os ensinamentos que Andreza o presenteia nesta obra: não deixe de escolher **hoje** o que resultará no seu sucesso amanhã! Lembre-se de que é sempre tentador adiar para amanhã uma boa escolha. A única ressalva que faço para os ensinamentos de Andreza é o banho gelado. Caso você seja de Curitiba, como eu, esta é certamente uma emoção negativa que podemos, com justificativas demasiadas, escolher escapar.

Luiz Gaziri
Consultor, professor da FAE Business School, PUC-PR E ISAE/FGV e autor do livro "A ciência da felicidade".

SUMÁRIO

INTRODUÇÃO 35

PARA EQUILIBRAR SUAS EMOÇÕES
1. Entenda onde está seu lar emocional 55
2. Aprenda a calibrar suas expectativas 58
3. Mantenha a sanidade em tempos de caos 61
4. Persiga incansavelmente sua paz interior 64
5. Crie anticorpos.. 67
6. Dê adeus ao que incomoda 68
7. Não se apegue à "sofrência" 70
8. Extermine o fantasma da culpa 72
9. Direcione a raiva para o lugar certo 75
10. Liberte-se das emoções negativas 78
11. Dê gargalhadas 81

PARA SE CONHECER CADA VEZ MELHOR
12. Faça uma lista dos seus rótulos e jogue no lixo 83
13. Acolha a sua sombra 85
14. Não tenha medo de expor sua vulnerabilidade 87
15. Aperte o botão do "tô nem aí" 89
16. Escolha quem (e o que) quer ter por perto 92
17. Respeite as suas fases 93
18. Saiba a hora de desacelerar 95
19. Perceba sua reação antes que ela aconteça 97
20. Mapeie o seu padrão de comportamento positivo 99
21. Seja o vetor da sua própria mudança 102
22. Encontre seu sorriso interior 104
23. Faça a sua música sem tentar copiar o outro 106
24. Viva sua vida como sempre sonhou vivê-la 108

PARA FORTALECER O SEU ESPÍRITO
25. Desenvolva a sua inteligência espiritual 111
26. Confie na inteligência superior 115
27. Dê um banho de luz na sua casa 118
28. Envie rajadas de amor antes de sair de casa 119
29. Reconheça sua casa como sendo seu templo sagrado 121
30. Tenha um papo reto com Deus 124
31. Ore e faça as perguntas certas 127
32. Esteja aberto às mensagens que Deus manda para você ... 129
33. Envie energias de cura 131
34. Abençoe seus alimentos 133
35. Conecte-se espiritualmente com seu parceiro 135

PARA TRAZER ALEGRIA AO RELACIONAMENTO AMOROSO
36. Sonhe junto com o parceiro 137
37. Celebre a colheita do outro 139
38. Reserve um tempo para uma DR poderosa 141
39. Crie um código de conduta 143
40. Faça massagem no seu parceiro 145
41. Cultive aquela coisa de pele 147
42. Espalhe fotos de momentos felizes 149
43. Faça um diário do amor 151
44. Perdoe e apague o passado ruim 153
45. Renove os votos 155
46. Aprenda quando é hora de ceder 157
47. Deixe o celular fora da relação 159
48. Tenha a sua vida 161
49. Use seu bom humor no amor 163
50. Recheie o dia a dia com pequenas e grandes surpresas ... 164

PARA TER AMIGOS E INFLUENCIAR PESSOAS (MINHA HOMENAGEM A DALE CARNEGIE)
51. Fortaleça suas amizades 166
52. Enxergue as pessoas pelo filtro do elogio 168

53. Abrace muito...172
54. Olhe nos olhos..174
55. Chegue 10 minutos antes, sempre 176
56. Honre o sistema familiar..177
57. Crie um código de conduta para os seus filhos...........180
58. Volte a brincar como uma criança................................182
59. Faça bom uso do poder da sugestão............................185
60. Ajude quem você ama a ser melhor............................187

PARA TER UMA MENTE DE SUCESSO
61. Pare de choramingar e passe a agradecer 189
62. Vigie suas palavras e seus pensamentos.....................193
63. Escolha as palavras certas..195
64. Observe sua intenção 197
65. Faça declarações poderosas...200
66. Profira encantamentos 203
67. Medite todos os dias para ser mais feliz 206
68. Pratique a coerência cardíaca......................................208
69. Entoe o "om" 210
70. Faça ensaios mentais 212
71. Utilize a técnica do copo d'água 215
72. Dê sempre o melhor de si...216
73. Leia livros 219
74. Pense de maneira estratégica 220
75. Tenha uma mentalidade minimalista 222
76. Compreenda a lei do sacrifício.....................................225

PARA SOLUCIONAR SEUS PROBLEMAS
77. Pare de se identificar com as pedras do caminho 228
78. Esvazie o poder dos seus problemas...........................232
79. Resolva seus problemas com o coração 234
80. Veja um diamante em cada pedra...............................237
81. Desenvolva a habilidade de dizer "não" 239
82. Distancie-se para decidir..241

PARA AUMENTAR SUA ENERGIA

83. Identifique os predadores da sua frequência energética ... 243
84. Afaste-se dos sugadores de energia 246
85. Elimine os relacionamentos tóxicos da sua vida 249
86. Conecte-se com o que traz energia e disposição 251
87. Recarregue-se com a energia da natureza 254
88. Silencie o celular 258
89. Tenha um orgonite por perto 261
90. Organize o ambiente para tudo fluir melhor 262
91. Deixe a água do chuveiro renovar suas energias 264
92. Tome banho gelado diariamente 266

PARA REVITALIZAR SEU CORPO

93. Faça da atividade física um hábito 268
94. Fortaleça os músculos do abdome 270
95. Alongue-se 272
96. Dance pela sua felicidade 273
97. Preste atenção na sua postura 276
98. Dê preferência aos alimentos da terra 277
99. Cuide da água que você bebe 279
100. Afaste-se das radiações enquanto dorme 281
101. Exponha-se ao sol com moderação 282
102. Não ignore os sinais do seu corpo 283

EPÍLOGO 286

INTRODUÇÃO

Uma bússola para a sua leitura: as Cinco Emoções

Antes de começar a navegar pelas **atitudes poderosas** deste livro, quero oferecer uma bússola.

Essa bússola nada mais é do que "reapresentar" a você cinco emoções que, provavelmente, já são velhas companheiras suas. No entanto, para extrair o melhor de cada atitude, considero da maior importância você retomar contato com cada uma delas sob uma nova luz: a do alinhamento com os seus sonhos.

São emoções que a maioria de nós se habituou a ver como negativas. Mas será que são ruins, mesmo?

Creio que não. Acredito que tudo depende da maneira como interagimos com elas.

Busque um lugar silencioso. Feche os olhos e respire profundamente até sentir seu ritmo cardíaco sereno, conectando mente e coração. Nesse momento, observe as emoções que surgem espontaneamente.

São essas as emoções que talvez estejam impedindo você de realizar seus sonhos. Acolha-as, compreenda-as, perceba por que vieram à tona.

Essa percepção será essencial para alterar a frequência de suas vibrações internas.

Pronto para começar?

Emoção número 1: Tristeza

Geralmente nos sentimos tristes por uma situação do passado, por uma perda ou por não querer perder algo.

Em estado de tristeza, colocamos pouca energia nas

ações do cotidiano, seja no trabalho, nos relacionamentos ou em nós mesmos. Talvez por isso, a maioria das pessoas olhe para a tristeza como uma emoção negativa, um sentimento que precisa ser logo superado e excluído.

Penso diferente.

Assim como uma doença precisa ser enfrentada e tratada, a tristeza necessita de cuidados e acolhimento.

A doença não surge por acaso; a tristeza também não.

Mesmo que tentemos fingir que a doença não existe, se não tomarmos o remédio adequado ela permanecerá ativa e poderá, inclusive, se agravar.

Com a tristeza acontece a mesma coisa.

Se você não parar para refletir sobre as razões de sua tristeza, esse sentimento poderá levá-lo para a depressão e, arrisco dizer, para a pior das mortes: estar vivo, sem mais viver.

Portanto, quando a tristeza bater à sua porta, não fuja dela.

Durante muito tempo eu agi assim. Tudo o que consegui foi trazê-la cada vez mais para perto de mim. Quanto mais fugimos de algo que está entranhado em nós, mais esse algo se intensifica.

Olhar para a tristeza não significa se vitimizar ou desejar sua presença. Pelo contrário! É uma atitude sábia e poderosa. Guardamos dentro de nós vários lares emocionais, territórios onde nos refugiamos nos bons e maus momentos, e um deles pode ser o da tristeza. Quando ela surgir, escute sua mensagem. Essa escuta atenta poderá levá-lo para o caminho que você tanto deseja seguir.

Imagine que você vive em um relacionamento abusivo e todos os dias toma anestésicos para paralisar a dor; você permaneceria nesse relacionamento?

Se você não deixa a dor vir, a resposta é sim: equivale a compactuar com um relacionamento abusivo. Quando você deixa a tristeza invadir a sua vida e não olha para ela, na verdade está anestesiando a sua dor.

Agora, perceba a diferença de olhar de frente para a tristeza e perguntar a ela: o que você tem a me dizer? Por que surgiu?

Converse com ela e então se posicione. Tome uma atitude e faça mudanças nas suas emoções e, consequentemente, na sua vida.

*

Veja, agora, que o fato de olhar para a tristeza, e não apenas permanecer nela ou fugir dela, fez com que tomasse uma atitude.

A energia da tristeza é de paralisação. Porém, uma boa pergunta a fazer é: o que você ganha em ficar parado? Qual o objetivo de ficar parado?

Quando a tristeza chegar, acolha-a como uma oportunidade de mudança, como uma chance de perceber que o vagão escolhido talvez não seja o que levará você para a direção que você deseja ir.

A tristeza também pode vir como resultado da frustração. Ela se agrava por conta de certa tendência do ser humano a generalizar acontecimentos, com um impacto terrível nas nossas vidas. É comum a pessoa estar triste porque foi demitida do emprego e logo dizer: "Minha vida está uma merda!" ou "Estou muito triste em relação a tudo, só acontece desgraça comigo".

Ora, a única coisa que aconteceu, de fato, foi um insucesso na vida profissional! Essa pessoa esquece que está bem com sua saúde, com sua família, com seus amigos.

Ao generalizar, começa a perturbar o que estava alinhado, tudo porque não teve clareza para perceber que a tristeza era somente em relação ao trabalho.

Nossos ciclos de tristeza são lindas oportunidades para aplicar a filosofia Todo Santo Dia (TSD).

Parto do princípio de que nosso corpo se adapta naturalmente ao que estamos sentindo.

Se estamos tristes, nossa fala fica mais lenta, os ombros caem, nosso andar é mais pausado – é a energia paralisante da tristeza influenciando nosso estado geral.

Uma vez que você saiba que isso acontece, e já tendo conversado consigo mesmo sobre os motivos e os ganhos de ficar parado, aplique a ferramenta TSD, ou seja: motive-se *todo santo dia* com alguma atitude que "confunda" seu cérebro. Quando estiver triste, experimente, por exemplo, pôr uma música boa e dançar, mesmo sozinho. Seu cérebro não vai entender nada: "Como essa pessoa está triste e dança?".

É como se ocorresse um blecaute mental.

No dia seguinte, escolha outra atitude: leia um bom livro, dê uma gargalhada, tome um banho de sol. A incongruência entre essas atitudes vitais e a sua tristeza fará com que o cérebro busque se adaptar à nova situação. Não se trata de autoengano, pois antes você conversou consigo mesmo e ouviu o que a tristeza tinha a dizer, posicionando-se em relação ao que foi dito. Por exemplo, se a sua tristeza "disse" a você que o problema é o seu chefe, é hora de buscar outra área na mesma empresa ou até mudar de emprego. Se além disso você adotar com consistência as atitudes da filosofia Todo Santo Dia, criará um movimento consciente de melhora geral. Sentindo-se bem, fará melhores escolhas, pois sua perspectiva se encheu de vitalidade.

Emoção número 2: Medo

Eis um velho conhecido meu. Segurança é um valor muito forte para mim e, em geral, ela e o medo andam de mãos dadas.

Durante boa parte da minha vida, deixei o medo me dominar. Até hoje sinto medo diante de algumas decisões, mas não deixo mais que essa emoção me paralise – ou trabalho para que me paralise o mínimo possível.

Aprendi que o medo, assim como a tristeza, não é ruim; pode ser um excelente aliado se soubermos lidar com ele. O grande problema não é sentir medo – todos nós sentimos, mesmo os mais evoluídos emocionalmente. A diferença é o que fazemos com esse sentimento.

O medo quer cuidar de mim, me proteger e me preparar melhor para determinadas situações, reduzindo as probabilidades de insucesso. Não é garantia de que dará tudo certo, pois não temos controle sobre tudo, mas o fato é que, até hoje, superei 100% dos meus dias ruins. Eu sobrevivi, não morri!

Hoje, porém, eu não me satisfaço apenas com a sobrevivência. Escolho estar presente em 100% dos meus dias ruins, porque eles serão os meus grandes mestres na arte de bem viver a vida. Como poderei viver somente os dias bons? É preciso provar o que existe de positivo e negativo. A beleza da vida está na caminhada e não apenas na chegada.

Para lidar com o medo, assim como com a tristeza, devemos "conversar" com ele.

Como eu faço? Começo escrevendo em uma folha de papel tudo o que estou sentindo em relação ao medo. Assim consigo organizar melhor a secretária eletrônica que existe dentro de mim e fala tão rápido que atropela assuntos.

Esse pequeno exercício já me permite distinguir se o medo é real ou imaginário. O medo real vem quando um bicho está querendo me atacar; já o imaginário é alimentado pela minha mente, que constrói filmes melhores que os de Hollywood. É incrível como o medo imaginário vai até o futuro, encontra o pior cenário que poderia acontecer e cria uma energia que nos paralisa se não tivermos ferramentas e clareza para lidar com ele.

Olhar para o medo dói muito porque significa sair da zona de conforto, expor-se ao desconhecido.

Digamos que eu não tenha o hábito de falar em público e precisarei apresentar o meu TCC na faculdade, fazer uma demonstração para o meu chefe ou uma palestra para várias pessoas. Certamente isso me causará medo, porque não é algo que faço sempre. Meu cérebro logo dirá: "Cuidado! Cuidado! Perigo à frente!"

Nessa hora, pare e observe seu medo. Ele não existe para limitar seus atos, mas, sim, para melhor prepará-lo para a ação. Cuidado para não ser daqueles que, para não agir, usa a desculpa de ter que se preparar demais, com a bengala do "sou perfeccionista". Essa é uma expressão bonita para dizer: "Não é que tenho medo, é que sou responsável demais para fazer de qualquer jeito!" Cuidado com as histórias que você conta a si mesmo; corre o risco de acreditar nelas e, paralisado, desistir de buscar os seus sonhos.

Sempre que o medo surge, gosto de lidar com ele fazendo perguntas, porque as perguntas libertam; elas nos ajudam a olhar de um jeito diferente para as nossas limitações.

Feche os olhos e pergunte para o medo o seguinte:

Medo, o que preciso fazer para você ir embora?

Medo, que pessoa preciso me tornar para que você possa confiar em mim?

Medo, em que preciso acreditar para que eu tenha uma fé inabalável no sucesso? Como posso ver as coisas exatamente como são, e não piores do que são?

O que preciso fazer para entrar em ação?

Eu sempre digo que a humanidade tem um grande problema, o maior de todos, capaz de destruir a todos nós se não tivermos atenção.

Sabe qual é?

O medo, quando não é enfrentado.

Os livros de autoajuda estão repletos de conselhos que não funcionam. Não adianta nos dizerem para seguir em frente e nunca desistir. Com todo respeito, amor e carinho, creio que esses conselhos são superficiais.

Só existe um conselho em relação ao medo que pode mudar a sua vida, desde que você esteja aberto para o processo de mudança: descubra quais são os seus medos e enfrente-os um a um. Não é o medo de cobra, barata ou lagartixa, não! É o medo que impede você de ser quem gostaria de ser e chegar aonde desejaria chegar.

Sabe aquele sonho tão profundo que você guarda apenas no seu coração? Do qual evita falar porque tem a sensação de que está falhando? Pois é desse medo que estou falando.

O que posso dizer para você após todos os meus anos de estudos e sendo uma pessoa com PhD em gerenciamento de medo, não pela faculdade convencional, mas pela escola da vida, é que você tem que descobrir quais são os seus e depois, passinho por passinho, enfrentar um a um. Saber que vai falhar, e quando isso acontecer, fazer de novo, quantas vezes for necessário. E se der errado quando você não aguentar mais, já estiver se sentindo um merda, fracassado, desacreditado, daí você aperta o botão do "tô nem aí" e faz novamente.

Muitos dirão que você não consegue. Não sei se você sabe, mas os críticos disseram que Beyoncé não cantava bem, os executivos da TV demitiram a Oprah e a escola de cinema rejeitou Steven Spielberg. Thomas Edison, o inventor da lâmpada, falhou inúmeras vezes antes de obter sucesso.

Tudo isso é para você perceber que falhar faz parte da caminhada; que a sua vontade de continuar após o fracasso tem que ser maior do que a sua vontade de vencer, porque, se você tiver somente gana de ganhar, vai desistir. A vontade que deve vibrar em cada célula do seu corpo tem que ser a de falhar e seguir em frente, custe o que custar, e não a de ganhar. A caminhada, e não a chegada, que tem que direcionar os seus passos.

A sua vontade de dar certo tem que ser maior do que o seu maior medo.

Todo santo dia a vida lhe dá escolhas. Você, e apenas você, terá que optar entre a dor de buscar seu sonho e a dor do arrependimento por não ter "corrido atrás". As duas situações envolvem algum grau de dor, mas só uma aproximará você dos seus ideais.

Não existe dor maior do que chegar lá na frente e se perguntar: "Será que poderia ter dado certo?"

É natural ter medo quando nos vemos diante de uma mudança de emprego, de um cara legal, de uma viagem, de ter filhos. Está tudo bem; o medo não é inimigo. Dance com ele.

Quando estou com medo, tenho uma estratégia que me aproxima da minha zona de poder e de coragem: busco formas de aumentar naturalmente meus níveis de testosterona. Faço isso praticando atividades físicas de forte impacto, que me tiram da minha zona de conforto, como uma musculação muito mais puxada ou uma corrida acelerada.

Eu sei que não é fácil. Nossa mente é treinada para ver o pior de cada situação, porque quer nos proteger. Certa vez, o físico e escritor Amit Goswami me disse que nosso cérebro tem cinco vezes mais circuitos neurais negativos do que positivos, determinados pelo nosso DNA desde os tempos das cavernas. Ainda associamos risco à perda.

Precisamos lembrar ao nosso cérebro que não há leões no nosso encalço.

Emoção número 3: Insegurança
Outro sentimento muito presente em nossos corações quando fechamos os olhos para nos conectar com nossos sonhos é a insegurança; aquela sensação de que, não importa o que façamos, nunca atingiremos nossos objetivos.

Entendo que três pilares sustentam a insegurança.

O primeiro é a necessidade de pertencimento. Geralmente, a pessoa insegura se abstém de certas ações por temer a rejeição e o julgamento dos outros. Nela, a vontade de se sentir pertencente é maior do que a vontade de seguir em direção ao sonho. Costumam ser pessoas que não se sentem merecedoras e acreditam não ser dignas do que desejam para si.

O segundo pilar é o medo de ser autêntico. Pessoas inseguras temem se mostrar por completo, pois o outro pode não aprovar nem aceitar quem elas de fato são.

O terceiro é a baixa resiliência. Quando uma pessoa resiliente erra, ela se adapta e segue a vida. A pessoa insegura incorpora essa "derrota" ao velho e confortável sentimento de que nada dará certo, mesmo.

Gosto sempre de investigar de onde vêm esses sentimentos que nos paralisam quando não sabemos gerenciá-los com maturidade.

A insegurança pode vir da infância. Descobrimos o mundo pelos olhos do nosso pai e da nossa mãe; se eles são muito inseguros, aprendemos sobre isso quando pequenos e acabamos nos identificando com esse sentimento, mais do que com a confiança.

A falta de confiança também vem do desconhecido, daquilo que não é frequente em nossas vidas. Se eu nunca falo em público, é natural que me sinta insegura quando preciso fazê-lo. A confiança virá com a repetição da experiência, de me colocar na linha de fogo para aprender até dominar aquela arte ou ofício.

Pode ainda ser reflexo de algo que deu muito errado no nosso passado.

Dentro de cada um de nós há uma voz, uma secretária interna inconveniente, que fica procurando tudo o que pode dar errado. Ela costuma dizer: "Você não sabe o que está falando". O que você faz com essa voz? Porque ela não vai se calar!

A resposta é simples, embora não seja fácil: você vai *ouvir*.

Vivemos tempos em que ninguém ouve ninguém, estamos sempre querendo falar, falar e falar. Quando alguém nos faz um relato, internamente já vamos organizando o que diremos: "Nossa, mas por que ele não faz isso e aquilo?" ou "Aconteceu comigo também!"

O mesmo ocorre com a nossa voz interior. Queremos o tempo todo falar, falar e falar, e com isso acabamos não escutando. Pelo contrário: a "conversa" vira um embate para ver quem fala mais alto. Como não ouvimos, não agimos, por medo e insegurança.

Então, o primeiro passo é ouvir tudo o que a voz interior tem a dizer, e se prepare, que vem chumbo grosso.

Depois dessa fase, você vai ressuscitar a sua confiança. Sabe como? Buscando alinhar suas ações às suas palavras. Não adianta você ser um *personal trainer* e estar 30 quilos acima do peso, fumar e beber. Não é congruente, entende?

É preciso haver harmonia entre cérebro, corpo, espírito, mente e emoções.

Quando você age de acordo com suas palavras, ganha o direito de falar e ser ouvido. É um mecanismo inconsciente: mesmo sendo racionais, somos bichos e temos instintos.

O passo seguinte é trabalhar a repetição, já que a repetição gera a experiência. Tenho duas filhas e foi lindo quando elas aprenderam a andar de bicicleta. No início, morriam de medo de tirar a rodinha, mas, à medida que foram praticando e repetindo a ação, tornaram-se mais e mais confiantes até o ponto de tirar a mão do guidão e pedalar com maestria.

O interessante é que, quando você resolve agir, tem tanta coisa acontecendo que sua mente fica ocupada demais para se sentir insegura. Quanto mais fundo você entrar, de cabeça mesmo, mais rápido desenvolverá a confiança.

O que eu gosto de dizer é que a confiança não nasce com ninguém: é uma habilidade que vamos desenvolvendo. Não devemos nos identificar com a insegurança ou a falta de confiança só porque lá trás alguém nos colocou nessa caixinha.

Ninguém é inseguro em relação a tudo. Pode ser que eu seja um arraso na cozinha ou brincando com minhas filhas, mas me sinta insegura diante de uma operação matemática complexa. O problema é que costumamos generalizar: "Sou inseguro!" e pronto.

Quando há a identificação, fica mais desafiador se "desidentificar", então convido você a perceber cada uma das partes que compõem o seu ser. Determinadas atividades podem causar insegurança, mas *você não é inseguro*, ok?

Uma ferramenta muito poderosa que eu ensino é a modelagem.

Se você se sente inseguro em relação a certas atividades, busque durante sete dias agir física, mental e emocionalmente como a pessoa que você desejaria ser. Essa pessoa pode existir de verdade ou ser um personagem idealizado. Imagine que você é um ator ou uma atriz e terá que interpretar esse personagem. Faça a simulação. Concluídos os sete dias, inicie um novo ciclo com a mesma duração, repetindo quantas vezes julgar necessário. Apesar de ser um truque, todo o tempo é sobre você e a sua confiança.

Você também pode usar a técnica do espelho. Lembre-se de um momento da sua vida em que sua confiança esteve lá em cima; pode ser recente ou de anos atrás. Posicione-se na frente de um espelho e comece a reviver aquele momento, dizendo a si mesmo por que foi tão especial, o que despertou sua confiança naquela situação, etc.

Uma das ferramentas mais poderosas que recomendo e utilizo para desenvolver a confiança é a intenção. Comece o dia com a intenção de ser confiante.

Uma vez fiz um curso sobre confiança com Brendon Burchard, o famoso autor e *coach* de alto desempenho.

Brendon afirma que a confiança, assim como uma usina hidrelétrica, não tem energia – ela gera energia pela transformação de ações, pensamentos e sentimentos. Ou seja, você não nasce confiante, você desenvolve a confiança.

Emoção número 4: Culpa
Quando fechamos os olhos e nos concentramos no nosso sonho, pode ser que surja dentro de nós um sentimento de culpa.

A culpa se instala quando sentimos que atitudes nossas machucaram alguém ou a nós mesmos.

Há a culpa que eu chamo de boa, pois é a terapêutica. Com ela, refletimos sobre o que poderíamos ter feito diferente e, em uma próxima ocasião, talvez adotemos outra conduta. E tem a culpa patológica, que aprisiona, nos faz remoer o passado, bloqueia a felicidade e aciona a autopunição.

Isso acontecia muito comigo logo que tive as minhas filhas. A primeira vez que as deixei na escola foi muito doída para mim. Eu tinha o pensamento de que somente eu poderia cuidar e proteger. Depois percebi que eu precisava ampliar a visão e que outras pessoas poderiam acolhê-las na escola.

Também é muito natural a pessoa decepcionar alguém e não se livrar mais da culpa. Imagine sempre que você agiu com os recursos que tinha. A gente erra, cresce, se responsabiliza, pondera e se livra da culpa.

A culpa pode vir de dentro ou de fora. É importante olhar onde ela começa.

Em geral, a culpa que vem de fora envolve uma tentativa de manipulação por parte da sociedade, da religião, do pai, da mãe, de amigos, do marido. Alguém cria um padrão de comportamento que você deveria seguir sob pena de não se adequar. É uma nítida tentativa de controle. Essa modalidade de culpa faz com que nos sintamos indignos.

A culpa de dentro advém de ações que, embora você pratique, contrariam o seu entendimento do que é correto.

Quando me sinto culpada por alguma coisa, uma ferramenta poderosa que utilizo é me perguntar: esse sentimento veio de dentro de mim por eu estar agindo em desacordo com aquilo em que acredito ou é apenas uma tentativa de alguém ou de uma organização de me manipular?

Se vem de fora de mim, relembro a mim mesma que não aceito manipulação.

Se vem de dentro, procuro ter empatia comigo mesma e observar que, quando agi de certa maneira, talvez não tivesse maturidade suficiente para agir diferente. Digo para mim mesma que meu passado não me define. Aceito quem sou hoje e aceito que posso ser diferente. A fruta verde do pé não pode se sentir culpada por não estar madura, a culpa não vai fazê-la amadurecer. Da mesma forma, o tempo e a consciência trarão maturidade para condutas que combinem com o que penso e tenho como valores.

Assim, já sei que estou dando os primeiros passos para o processo de mudança.

Outra ferramenta é o uso da comunicação não violenta. Falo comigo mesma com gentileza e empatia, isto é, me coloco no momento do erro, porque a culpa é sempre uma análise póstuma; vejo os erros depois. Assim, para entender o fato, preciso voltar àquele momento emocional e mental. Quais eram meus valores então? O que determinou aquela atitude que me traz tanta culpa?

Logo que tive as minhas meninas, esqueci de mim e de tudo o que estava a minha volta. Naquele instante, o valor com que eu estava conectada era a família, e tudo bem – isso acontece muito com mulheres que se afastam da profissão para viver a maternidade e depois se sentem culpadas. Acalmem-se, mamães, observem o valor mais relevante naquele momento.

A culpa pode ser ainda mais dolorosa quando a assumimos sozinhos. Imagine uma família cujo filho usa drogas e os pais se chicoteiam porque não puderam evitar. Uma forma de olhar para a culpa nesse caso é perceber que cada um tem sua parcela de responsabilidade. O filho também, pois não foi abandonado para morrer na selva e, em última instância, está livre para escrever sua história.

Uma das ferramentas mais poderosas que conheço para a culpa e o autoperdão é o ho'oponopono, que abordaremos neste livro. Olhe-se no espelho quando sentir culpa e repita quantas vezes for necessário, até estar convicto: eu sinto muito, me perdoe, eu te amo e sou grato. É um diálogo com o arrependimento, o perdão, o amor e a gratidão, conectando várias partes que existem em você e integrando-as para seguir adiante com leveza.

Emoção número 5: Ansiedade

Quantas histórias já ouvimos de pessoas que procuram o médico queixando-se de ansiedade e saem do consultório com a receita de algum medicamento que vai "ajudar" a lidar com isso? Muitas histórias, não é mesmo? A verdade é que o nosso Brasil, tão alegre, quente e ensolarado, curiosamente está entre os campeões mundiais de ansiedade.

De onde isso vem?

Estamos mergulhados em uma cultura na qual "sucesso" é sinônimo de beleza, juventude, fama, riqueza, poder. Acredito que deveríamos "calcular" o sucesso de outra maneira, bem mais humana e justa: sucesso é fazer diferença, para melhor, na própria vida e na vida dos que nos cercam.

O problema é que ainda estamos longe disso. Vivemos em uma busca desenfreada pela melhor versão de nós mesmos. Detalhe: nos fazem pensar que não podemos fracassar – nos esquecemos de que falhar é lindo e instrutivo, um caminho seguro para a vitória e para a realização dos nossos sonhos. Nossos erros jamais poderiam ser fonte de culpa ou de ansiedade, mas, sim, de aprendizagem e evolução, de testemunho da nossa humanidade. Apesar disso, procuramos uma pílula mágica para não falhar. E eu quero registrar aqui algo muito importante: a única certeza que existe sobre a falha é que você vai falhar e ponto final, queira ou não.

Por isso há tantos ansiosos!

Para "conviver" com isso, as pessoas criam narrativas nas quais elas próprias acreditam. "Não sou ansiosa, sou perfeccionista", me disse certa vez uma conhecida. Essa história de perfeccionismo é o disfarce mais comum, hoje em dia, para a ansiedade e o medo, como escrevi há pouco. Mas um remédio nos "ajudará" a dar conta da nossa fragilidade e vulnerabilidade.

Pouco a pouco, perdemos a capacidade de nos comunicar com o outro e conosco. Creio que deixamos de nos ouvir. E esse é um dos maiores problemas do nosso tempo.

Trago aqui então a primeira ferramenta para lidar com a ansiedade: a meditação. Meditar atua na prevenção e no alívio dos sintomas, pois nos oferece uma oportunidade de parar para ouvir nossa voz interior.

Outra ferramenta poderosa é a auto-observação, ou seja, perceber-se quando você está no controle dos seus atos e quando o controle passa para a mão do outro. Se estou ansiosa sobre algo, pergunto a mim mesma: o que de pior pode acontecer? Depois, analiso os pensamentos e, mais importante, se aconteceu o que eu tanto temia que acontecesse.

A incerteza causa ansiedade, mas o que é certo nesta vida?

A vida é feita de incertezas.

Outras vezes ficamos ansiosos porque não queremos decepcionar as pessoas que estão ao nosso redor. Se é assim com você, pare e reflita: o quanto, verdadeiramente, uma reunião, uma prova, uma palestra, uma promoção no emprego diz sobre nossa competência?

Na verdade, o que falará sobre você é o fato de ter ido lá fazer a prova, ter dado a palestra, se exposto; isso sim mostra a sua coragem, força e determinação. Aquele que nos julga dá testemunho de tudo (em geral, de ruim) que habita seu coração.

Convido você a fazer uso de uma terceira ferramenta incrível no combate à ansiedade, que é o Diário da Preocupação. Em um caderno, rememore preocupações do mês passado, da semana passada, de ontem. Constate o impacto que causaram em você: dor de cabeça, nas costas, nos ombros, comeu muito chocolate ou descontou na comida, teve pouco tempo para si, poucas horas de sono... Por fim, avalie com serenidade: ter se preocupado ajudou em alguma coisa?

Sabe o que você vai descobrir? Acreditamos que precisamos nos preocupar para as coisas acontecerem do jeito certo. É como fosse assim: preciso me preocupar com a empresa para que ela tenha um bom faturamento neste mês; preciso me preocupar em fazer toda a tarefa direito para não ser demitida; preciso me preocupar em estudar para tirar notas boas. Sinto desapontar você, mas isso tudo é ilusão; aliás, você certamente conhece pessoas que não se preocupam e ainda assim têm bom faturamento, são promovidas e tiram notas boas.

Resultado: não tem a ver com preocupação, mas, sim, com *preparação*.

Porém, muita gente ainda acredita que precisa se preocupar para poder se preparar. Nada disso!

Quer você se preocupe, quer não, as coisas vão acontecer. Prepare-se, entregue, aceite e confie.

Respirar de modo consciente é outra ferramenta maravilhosa para se conectar com o momento presente, com o aqui e agora. Durante 2 minutos, concentre-se apenas na sua respiração. Acolha os pensamentos que vierem sem se deter neles, como se fosse alguém passando pela rua.

Mais uma dica: defina exatamente qual é o problema. Muitas vezes, a pessoa se preocupa, mas não existe problema algum. Por exemplo: estou ansiosa por causa da apresentação que terei que fazer, mas isso não é um problema, mas, sim, uma oportunidade que me foi apresentada.

Se de fato houver um problema, pergunte-se: o que posso fazer diante dele? Se for possível, marque data e horário para resolver.

Talvez você já tenha lidado com situações semelhantes em outros momentos. Desenhe um mapa de como agiu frente a essa preocupação. Ligou para alguém para trocar uma ideia, viajou, se preparou? O que fez?

Por fim, preciso dizer que toda ação tem uma intenção positiva, ainda que nem sempre isso fique claro no primeiro momento. Ora, você poderá questionar: como minha ansiedade pode ter uma intenção positiva? Garanto que tem um valor agregado: talvez você acredite que só pessoas boas se preocupam, ou que é uma forma de você se motivar para resolver um problema.

No final de todo esse percurso, tenho uma certeza: você verá que a preocupação não adiantou nada. Só deixou você sobrecarregado, sendo que esse sentimento não exerceria nenhuma influência sobre o desfecho da história.

A preocupação, muitas vezes, se baseia no medo. Assim: se eu me der mal na apresentação, posso perder o emprego. Bem, e se perder? É o fim do mundo? Toda crise traz muitas oportunidades. Também pode estar ligada à necessidade de controle e reconhecimento. Ansiosos apresentam comportamento acelerado e despreparo, querem jogar o jogo de curto prazo, não se concentram no aqui e agora nem nos pequenos resultados; somente dão valor aos resultados impactantes, que demoram a acontecer. Se é assim que você se sente no dia a dia, utilize a poderosa técnica do pensar, falar e sentir. Repita para você mesmo durante 2 minutos: "Eu me sinto em paz, eu sou a paz, eu gero paz". Imagine o seu corpo banhado por muita paz.

Existe uma ansiedade normal, que não gera sofrimento nem prejuízos, apenas nos conecta com a energia da preparação. Essa sim empurra você na direção dos seus sonhos.

AS ATITUDES

ANDREZA CARÍCIO

PARA EQUILIBRAR SUAS EMOÇÕES

1. Entenda onde está seu lar emocional

"Quando crescemos, temos a tendência de recriar o ambiente emocional do lar onde passamos nossa infância. Isso não é bom nem mau, certo nem errado. É apenas o que conhecemos dentro de nós como 'lar'." (Louise Hay)

Todos nós temos um lar emocional. Se você não sabe qual é o seu, vou ensiná-lo a encontrar. Basta perguntar: qual é a emoção que está sempre presente na sua vida? Qual é a emoção que lhe transmite segurança, mesmo que seja uma emoção desagradável? A que você "visita" com mais frequência?

Cada pessoa tem uma resposta: estresse, gratidão, raiva, culpa, alegria. O seu lar emocional pode evocar sentimentos bons ou ruins. Independentemente disso, nossa tendência é sempre voltar a ele. Por exemplo, se o seu lar emocional é o da gratidão, por mais que algo ruim aconteça, você encontrará uma maneira de ser grato por aquilo. Se o seu lar emocional é o da culpa, mesmo que você obtenha as maiores realizações, sempre encontrará um motivo para se sentir culpado. O seu lar emocional pode ser o medo, a tristeza. E tudo bem, o ponto é: precisamos ser conscientes desse lar, mapeá-lo, trabalhar para construir uma nova casa. Sim, é possível despertar e desenhar para nós mesmos um novo lar emocional.

Isso é importante porque o lar emocional, assim como o profissional, o familiar e o social, norteará nossas escolhas se não estivermos atentos. Tudo o que acontecer na sua vida, de bom ou ruim, fará com que você queira retornar para lá, porque é o que conhece e onde se sente seguro.

Houve um tempo em que o meu lar emocional era o estresse. Digamos que eu deveria fazer uma palestra. Mesmo gostando muito de falar para plateias, eu subia ao palco profundamente estressada. Era o meu lar. Era o que eu conhecia.

Hoje, meu lar emocional é a alegria, o entusiasmo e a paz. Da hora em que acordo até a hora em que vou dormir, são esses sentimentos que predominam, mas nem sempre foi assim.

O primeiro passo para mudar essa realidade é identificar suas emoções para então reprogramá-las. Cumprida a etapa de reconhecimento, vem a próxima: sermos honestos e responder em qual lar gostaríamos de estar, qual a principal emoção que desejaríamos sentir e o que é preciso fazer para que isso aconteça. É como se você não gostasse da casa onde mora e decidisse procurar outra moradia, mais ensolarada ou com uma linda varanda.

Se a pessoa está no lar da preocupação e busca paz, deve avançar na investigação e perguntar: o que pacifica o meu espírito? Muitas acham difícil encontrar essa resposta.

Esse autoquestionamento sobre o lar emocional faz com que muitos de nós percebamos o quanto estamos desconectados de nós. Se você quer paz, quais atitudes poderosas pode tomar para alcançar esse estado? A meditação pode ser uma maneira de acalmar a mente. É diferente de se sentar no sofá e assistir a um telejornal cheio de notícias trágicas.

Mas atenção: nosso cérebro não sabe como partir de um ponto A e chegar a um ponto B. Para que ele possa trilhar esse caminho, é preciso praticar diariamente o que nos leva ao lar emocional que queremos. Uma vez que tenhamos clareza, é preciso agir com consistência. Em minha percepção, nove meses, o tempo de uma gestação saudável, é o período necessário para gerar essa nova atitude saudável.

Dê um nome ao seu novo lar emocional. Até me conscientizar disso, eu chamava meu lar anterior de "Andreza medrosa". Quando o rebatizei para "Andreza corajosa", passei a enxergar com clareza qual das duas estava em ação em cada circunstância. Isso me ajudou a trazer a "Andreza corajosa" mais vezes para o protagonismo.

Quando conheci meu marido, o lar emocional dele era o medo e a preocupação. Ele vivia estressado com as questões relacionadas ao trabalho, e seus dias eram repletos de emoções destrutivas. Ao longo dos anos, quando identificamos juntos qual era o seu lar, começamos a modificá-lo e a criar atitudes poderosas que o fizeram trocar a preocupação pela segurança. No dia a dia, ele incorporou hábitos que lhe permitiram identificar e alterar as próprias emoções, como orações, meditação e caminhada. Começou a atribuir significados aos acontecimentos, entendendo que problemas nos mostram que existe algo que pode melhorar. Assim, passou a sair de casa para trabalhar no seu melhor estado de energia. Essas foram as mudanças que fizeram grande diferença.

Organize a sua lista de emoções mais constantes e aquelas que você deseja atingir. Entenda onde é seu lar atual e onde deseja estar.

Esse é um grande passo em direção à mudança.

2. Aprenda a calibrar suas expectativas

"Guarde suas expectativas. Ou, se possível, não as crie. Se você espera muito e nada acontece, você se decepciona. Se você espera nada e algo acontece, você se surpreende. Você vai perceber que tudo com que você se preocupou foi apenas perda de tempo. Se der certo, você se preocupou à toa. Se der errado, você se preocupou com algo que nem valia o tempo investido. Pare de criar expectativas, pare de se decepcionar e se surpreenda." (Pedro Bial)

Quando eu era adolescente, tive meu primeiro amor. Ele se chamava Felipe e, na época, toda a minha felicidade dependia de um telefonema dele. De concretizar o sonho de beijá-lo na boca. De que ele me pedisse em namoro. Analisando hoje, vejo que cometi três grandes erros.

Primeiro, depositei nas mãos de outra pessoa toda a minha felicidade, algo que eu deveria procurar dentro de mim.

Segundo, tinha *o desejo de possuí-lo*, e não *a intenção* de ficar com ele. Qual a diferença? A intenção não está atrelada ao resultado, mas, sim, a uma vontade livre, que entrega e confia. É uma preferência que não gera uma autopunição se não for alcançada. Se tivesse a intenção em vez do desejo de posse, eu ficaria bem mesmo que ele não quisesse nada comigo. Uma pessoa que se mantém em intenção em vez de colocar-se refém do desejo vive em gratidão. O foco está em aproveitar a jornada e não em chegar ao final. O desejo entende que, para ganhar, outro tem que perder. A intenção sabe que é possível todos ganharem.

Terceiro, eu dizia para as minhas amigas que *precisava* dele para ser feliz. Linguagem verbal errada: melhor usar palavras de poder, *prefiro* em vez de *preciso*. Precisar é categórico; preferir é opcional.

Era meu primeiro amor e natural que eu cometesse erros, mas ainda assim, e apesar da minha pouca idade, a certa altura percebi de maneira instintiva e intuitiva onde estava falhando. Então, tomei uma atitude que jamais esquecerei. Em uma noite estrelada de sábado, no Clube Português de Recife, a cidade onde eu morava, encontrei meu grande amor. Mesmo sabendo que ele não queria me namorar, eu disse que era muito sonhadora e gostaria que meu primeiro beijo fosse com ele. Foi tão lindo que até hoje, quando me lembro da cena, meus olhos ficam marejados. Felipe me beijou com carinho e emoção. Nunca ficamos juntos, mas aquele momento marcou minha relação com as expectativas.

Observe que, quando você deixa suas expectativas de lado e curte a beleza do momento, sem se preocupar se vai virar namoro ou não, se o emprego será seu ou não, se tudo vai acontecer como você sonha ou não, a vida ganha fluidez e plenitude.

Quando acreditamos que a nossa felicidade depende da atitude do outro, ficamos à mercê dele e frequentemente nos decepcionamos, porque essa não é obrigação de ninguém.

Certas expectativas só geram sofrimento. Além do mais, se olhamos apenas para uma parte do cenário, deixamos de lado a chance que a vida nos oferece diariamente de perceber o mundo infinito que existe ao nosso redor. Quando decidimos trabalhar para o nosso desenvolvimento pessoal e autoconhecimento, paramos de buscar o que pode nos fazer feliz e passamos a entender o que nos alimenta. Tenha a atitude poderosa de encontrar o poder dentro de você, sabendo que depositar expectativas em situações e pessoas pode criar frustrações sucessivas e desnecessárias. Faça a sua vida valer a pena "apesar de".

Você já se sentiu magoado com alguém ou alguma coisa que aconteceu? Agora, pare por um momento e pense: você realmente foi magoado ou esperou demais?

3. Mantenha a sanidade em tempos de caos

"Muitos dizem que o que buscamos é um significado para a vida. Não acredito que seja exatamente isso. Para mim, o que buscamos é viver a experiência de estarmos vivos, de maneira que aquilo que experienciamos meramente no plano físico tenha ressonância em nosso mais profundo ser e em nossa própria realidade, algo que nos permita ser capazes de sentir o verdadeiro êxtase que há em estarmos vivos." (Joseph Campbell)

Permanecer são em tempos caóticos significa apenas estar presente no hoje, no agora. É lembrar que não controlamos pessoas nem acontecimentos – podemos apenas controlar nossas reações ao que nos atinge. O desespero e a ansiedade são forças do futuro que nos deixam à mercê dos rebotes do passado. Não se trata de se comportar como um Buda, majestosamente sereno enquanto a casa cai, mas sim de tomar consciência do transtorno para não tomar decisões frágeis influenciadas por ele.

Não existe mal que dure para sempre. É na ventania que as folhas se movem. Por mais que seja difícil permanecer confiante em tempos difíceis, eles nos impelem a buscar grandes mudanças na nossa vida.

Enquanto eu escrevia este livro, a política e a economia do Brasil passavam por momentos de grande turbulência. Ficou evidente que poucas pessoas estavam mental e emocionalmente preparadas para enfrentar crises. Houve pânico coletivo e gente alimentando as redes sociais com discursos de medo, espalhando o desespero.

Precisamos desenvolver inteligência emocional e equilíbrio para nos manter firmes em tempos de desarmonia.

Uma atitude poderosa é ter clareza do que desejamos e nos conectar com o que nos aproxima dos nossos sonhos.

É importante ter estratégias para ganhar força psíquica; é isso que nos ajuda a persistir quando tudo parece desmoronar ao nosso redor. A meditação auxilia muito nesses momentos. Outra técnica simples, mas poderosíssima, para afastar memórias ou sentimentos ruins que prendem a mente em uma sintonia negativa é o Ho'oponopono, uma antiga prática havaiana cujo objetivo é reconciliar-se com os outros e consigo por meio do perdão. Por trás de toda situação negativa há uma memória. A finalidade do Ho'oponopono é liberar essa memória para que ela não prejudique nossa vida. Para isso, precisamos compreender que o que nos aconteceu é menos importante do que a forma como reagimos. Se sua mente e seus pensamentos causaram problemas, eles também são capazes de resolvê-los.

Essa prática se tornou conhecida nos anos 80, quando o terapeuta Ihaleakala Hew Len conseguiu curar um pavilhão inteiro de criminosos que sofriam de doenças mentais no Havaí. Curiosamente, ele não manteve contato com os dementes – nem sequer chegou a tocá-los. Limitou-se a ler suas fichas murmurando as frases: "Sinto muito" e "Amo você". Quando outros estudiosos se debruçaram sobre esse fenômeno, descobriram que o doutor Hew Len acreditava que tudo na nossa vida, pelo simples fato de estar na nossa vida, também é de nossa responsabilidade. Para curar uma pessoa, precisamos primeiro curar a nós mesmos.

O objetivo deste livro não é mergulhar no Ho'oponopono, uma técnica profunda e curativa. No entanto, considero importante explicar que o método é composto de quatro fases que procuram guiar a pessoa por etapas sentimentais:

arrependimento, perdão, amor e gratidão. Então, você fecha os olhos, faz uma respiração profunda, se conecta com seu eu interior e diz em voz alta (ou silenciosamente, também funciona): "Eu sinto muito, me perdoe, eu te amo, eu sou grato".

Para começar a praticar, basta dizer essas frases. Não é preciso acreditar em qualquer divindade, apenas colocar em prática. Ao pronunciar essas palavras, suas células começarão a liberar a energia que estava bloqueada dentro de você.

Quando deixamos o mundo exterior pautar a nossa felicidade, qualquer sinal de instabilidade nos faz mergulhar em um buraco negro. É necessário criar equilíbrio interno para agir, mesmo que o mundo pareça girar ao contrário.

Ter sanidade nessas ocasiões é mais do que uma atitude de resiliência: é tornar-se inabalável graças a uma energia interna que sustenta, mesmo que você não saiba, naquele momento, como vai se manter de pé. Tenho uma metáfora que diverte meus amigos, mas guarda uma verdade: se me derem uma toalha molhada para eu me enxugar, não vou jogá-la no chão, crio forças e faço o possível para me secar com ela, afinal, naquele momento, é tudo o que tenho. Melhor uma toalha encharcada do que toalha nenhuma.

Cair ou ficar firme é questão de escolha. Decida manter a solidez das árvores que têm raízes fortes e crescem em direção à luz mesmo nos longos invernos. Reitere suas convicções, sem se deixar afetar pelo que influencia a vida dos outros. O poder está dentro de você. Confie.

4. Persiga incansavelmente sua paz interior

"Por que, em nosso mundo abundante de opções e conectividade, tantos de nós nos sentimos insuficientes e desconectados? Com todas as informações disponíveis, por que não sabemos quais armas usar para melhorar a vida de modo radical? Como podemos ter tanto, e ainda assim não nos sentirmos munidos de energia?" (Brendon Burchard)

Muita gente me pergunta como consigo encontrar a paz, e eu respondo: vivendo meus momentos de luto quando algo tira meus pés do chão. Confesso que nem sempre agi assim. Já fui aquela que se apavorava com prazos, contratempos e deixava tudo o que vinha de fora me abalar.

O resultado? Eu tinha cada vez menos energia, minha mente não estava afiada e eu ficava psiquicamente perturbada. Os problemas pareciam sempre maiores do que as soluções.

Poucos se empenham em buscar a paz interior e se conectar diariamente com sua essência. As atitudes espirituais poderosas que me reconectam com quem sou são fundamentais para que meu dia seja feliz.

Cada um sente a paz de maneira diferente. Precisamos entender qual é o nosso jeito de trazer esse sentimento para dentro de nós. Não existe certo ou errado: existe a sua receita. Alguns rituais que implementei em minha semana são responsáveis por um novo estilo de vida que hoje faz parte de mim. Esse modelo se baseia no reabastecimento constante de energia. Acredito que só conseguiremos a paz que resgata a nossa essência quando estivermos carregados energeticamente.

Para voltar à "fonte" em que me abasteço, recorro muitas vezes à meditação. Ela acalma a mente e não deixa que perturbações psíquicas me tirem da linha. Quando a meditação não é suficiente e vejo que preciso de algo mais poderoso para limpar o meu campo energético, programo uma viagem para uma cachoeira ou me conecto à natureza, que tem um poder ímpar de limpar a negatividade da mente, do corpo e do espírito.

Se não houver uma cachoeira por perto, experimente um banho gelado e deixe a água cair sobre a sua cabeça, limpando o chacra coronário, responsável pela nossa ligação energética com a consciência divina. Quando nos conectamos com esse chacra, conseguimos nos livrar das amarras que nos prendem ao mundo material e nos afastam da energia universal. Pessoas que têm esse chacra desequilibrado se sentem distantes de Deus e da alegria de viver, muitas entram em depressão. Porém, se o chacra coronário está em equilíbrio, manifestam-se sentimentos positivos, como gratidão, pureza de pensamentos e sensação grande de paz.

Sinto paz quando piso com os pés descalços na grama. Quando ouço um pássaro cantar. Quando aprecio a beleza do luar ou ouço uma música que me pacifica. Nesses momentos, fecho os olhos e digo a mim mesma: "Estou bem, me sinto em paz. Confio e me entrego à suavidade deste momento". Um grande presente vem em minha direção, me abro para recebê-lo.

Há forças externas tentando modificar o nosso padrão o tempo todo. Se nos entregamos a elas, podemos cair em uma vibração que nos deprime e esvazia nossa energia. Já reparou como uma simples conversa com alguém negativo pode deixar você chateado? E que uma conversa salutar com uma pessoa positiva tem o poder transformador de deixá-lo mais disposto?

Muitas pessoas me perguntam como manter pensamentos agradáveis quando os acontecimentos são desagradáveis. O que precisa ser feito é simples, mas nem sempre conseguimos ou queremos. Enquanto eu escrevia este livro, por exemplo, aconteceu comigo um episódio desagradável: roubaram meu *smartphone*. Isso poderia ter facilmente me tirado do meu alinhamento, pois eu tinha armazenado nele muitas informações importantes.

Para manter a minha energia em harmonia, fiz *o que tinha que ser feito*: tentei localizá-lo, registrei um boletim de ocorrência e, quando vi que não havia mais jeito, prestei atenção em meus sentimentos e escolhi intencionalmente aqueles que me faziam bem. Percebi que não gostava de andar de bolsa e meu marido, informado disso, me deu de presente uma pochete. Dessa forma, eu não iria mais deixar nada de importante sumir de perto de mim.

Essa é a arte da aceitação, que não se assemelha ao comodismo: faça tudo o que pode fazer, mas, depois, acolha e integre dentro de você o ocorrido para receber um ensinamento ou promover uma mudança em sua vida. Fique em paz.

5. Crie anticorpos

"Palavras e atitudes podem mudar uma cadeia de acontecimentos, moldando o futuro. Podemos escrever uma nova história de nossa vida com a força do pensamento." (Louise Hay)

Desde pequenos aprendemos que uma das formas de criar anticorpos é entrar em contato com o agente agressor, seja andando descalços, seja tomando vacina.

Com as nossas emoções não é diferente. Uma das maneiras de garantir imunidade ou, no mínimo, aumentar nossa resistência a um determinado problema é passando por ele. Você perceberá que, se aquele problema se repetir, não será tão grande quanto da primeira vez. Na verdade, não é o problema que ficou menor, é você que ficou maior e aprendeu a proteger-se dele.

Eventos positivos também têm potencial para aumentar a nossa imunidade. Quando estamos felizes, nosso cérebro "se comunica" com nosso sistema imunológico, reduzindo nossa propensão a adoecer e a ceder diante das adversidades.

Gosto muito de uma frase de Louise Hay que anotei e releio sempre que algo ameaça me derrubar: "Nossa recompensa é que iremos assistir dia a dia as nossas vidas se transformando em experiências mais alegres, amorosas, saudáveis, prósperas, fabulosas. Isso durará pelo resto de nossas vidas na Terra. Assim, exercitem-se a ter pensamentos que façam bem. Desse modo, vocês estarão sempre criando a vida com alegria. A alegria traz sempre mais coisas que nos façam alegres."

6. Dê adeus ao que incomoda

"Não espere que estranhos façam por você o que você mesmo pode fazer." (Ennius)

Muitas vezes, quando algo nos machucou, esperamos que alguém se aproxime, estenda a mão e nos ajude a ficar bem. Compartilhar nossa dor com quem amamos alivia a alma, é verdade, mas não deposite sua cura no outro. Seja você o responsável por trazer o remédio para o seu coração.

Quando algum acontecimento ruim nos atinge, nosso cérebro não é capaz de processar a informação com serenidade, pois surgem bloqueios de diversos níveis.

Existe uma técnica que você pode usar para tirar um incômodo do seu coração. Chama-se EMDR (Eye Movement Desensitization and Reprocessing), ou Reprocessamento e Dessensibilização por Meio do Movimento dos Olhos, em tradução livre, e foi criada pela estudiosa Francine Shapiro. O método permite o reprocessamento de experiências por meio da estimulação dos dois hemisférios do cérebro.

Uso essa atitude poderosa quando desejo reprogramar um sentimento ruim que me invade. Como faço? Quando o mau pensamento tenta cavar um lugar na minha mente, movimento os meus olhos para cima, para baixo e para os lados, estimulando as diferentes áreas do meu cérebro. Com isso, consigo neutralizar o que me incomoda, criando um estado mais saudável e equilibrado. Minhas filhas também se beneficiam dessa técnica. Peço a elas que falem sobre o que as incomoda e, enquanto isso, que acompanhem com o olhar a ponta do meu dedo, que se movimenta em círculos durante mais ou menos cinco minutos. É uma maneira eficaz de ajudar o cérebro a processar as informações sem a influência da negatividade.

7. Não se apegue à "sofrência"

"Amadurecer talvez seja descobrir que sofrer algumas perdas é inevitável, mas que não precisamos nos agarrar à dor para justificar nossa existência." (Martha Medeiros)

Certas situações na vida são inevitáveis. A morte é uma delas. Diante da maior perda que o ser humano pode sofrer, surge uma dor que muitas vezes se instala. Fica difícil continuar a viver. Já sofri perdas irreparáveis. A maior até hoje talvez tenha sido a morte trágica e desnecessária de meu pai, ainda jovial e cheio de energia, em uma situação de latrocínio. Eu morava longe, cursava o último ano da faculdade e me senti devastada; na época, o que me "segurou" foi compreender que eu ainda tinha minha mãe, e uma mãe que precisava muito do meu amparo e do meu carinho no pior momento da vida dela.

Ao longo do tempo, passei a lidar melhor com as perdas, focando no que podia aprender com aquele sofrimento. Jamais deixei de sentir o luto, mas uma atitude poderosa diante dele foi reconectar-me com o que me fez amar aquele que se foi.

É comum vermos pessoas que perdem um ente querido e se entregam completamente à dor. Não conseguem desapegar da ideia da ausência e evitam se conectar com algo que possa trazer felicidade. É como se o fato de voltar a sentir alegria depois do período de luto significasse deixar de amar quem partiu.

As perdas são inevitáveis e nos fortalecem, mesmo quando não aceitamos ou não entendemos. Elaborá-las é superar as dores existenciais e utilizá-las para nosso crescimento e não para a nossa autodestruição. Quando fazemos isso, repensamos nossas dificuldades e enxergamos nossas decepções por outro ângulo.

Muitos veem a dor como um problema. Eu prefiro vê-la como poesia e acreditar que pode ser uma escola, se soubermos como aproveitar o que ela tem a nos ensinar. Atitude poderosa é saber conviver com as perdas da melhor maneira possível.

8. Extermine o fantasma da culpa

"Viva com alegria, sem culpa. Viva totalmente, viva intensamente. E então o céu não é mais um conceito metafísico, é a sua própria experiência." (Osho)

Quantas vezes você chegou em casa e resolveu descansar, mas logo que se sentou no sofá sentiu uma pontada da culpa?

Muitas pessoas vivem "fabricando" motivos para brigar consigo mesmas. Com isso, desperdiçam energia valiosa que poderiam empregar em seu favor.

Tem gente que descansa sentindo culpa pelo que deixou de fazer. Se está trabalhando, lembra que poderia estar com a família e se culpa ainda mais. Há algum tempo eu era assim. Quando estava em casa com minhas filhas, pensava que deveria ter ficado até mais tarde no trabalho. Quando chegava ao trabalho, pensava nas minhas filhas.

Toda essa loucura me fez perceber que eu não tinha a vida com que sempre sonhei. Queria uma vida com propósito. Queria ter equilíbrio para fazer a diferença na vida das pessoas, e não só das que estavam perto de mim. Queria realizar meus projetos pessoais, mas também me dedicar à minha família e à minha profissão, cuidar da minha saúde e da minha vida espiritual, mas também contribuir com o bem-estar de gente que eu nem mesmo conhecia. Parecia impossível dar conta de tudo.

Culpada e cansada: era assim que eu vivia a maioria dos meus dias. Havia uma relação entre esses dois sentimentos – a culpa gerava exaustão, porque eu perdia energia sempre que me sabotava e enfiava na minha cabeça que deveria estar fazendo algo diferente daquilo que fazia. Naquela época, eu me sentia importante quando estava ocupada, e isso me fez acreditar que não poderia descansar, porque, se parasse, eu não teria a aprovação das pessoas ao meu redor. Não seria amada nem admirada.

    Um dia, descobri que isso não era verdade, mas até então eu acreditava nessa mentira que tinha inventado. Quando a ficha caiu, minha vida começou a mudar. Uma vida feliz e equilibrada precisa de momentos de ação e de pausas. Ambos são essenciais.

    Hoje sei que, para alcançar o equilíbrio, preciso saber onde quero estar e com quem desejo compartilhar o meu tempo. Quando estou no trabalho, me desligo do mundo lá fora e dou o melhor de mim, porque acredito que as pessoas ali merecem o meu melhor. Quando pego minhas filhas na escola, minha atenção é 100% delas, porque sei que elas também merecem a melhor versão de Andreza; não fico pensando no que deixei para trás no trabalho ou no que preciso fazer no dia seguinte. Procuro estar totalmente conectada à necessidade de cada momento.

    Observando a mim mesma, compreendi que a culpa só chega quando me desconecto do aqui e agora. Nesses momentos, paro tudo, busco um lugar silencioso e faço 10 respirações profunda e lentamente, inspirando e expirando pelas narinas. Imagino que o ar que entra é de paz e o que sai é o da culpa. Essa é uma técnica muito eficaz de controle da mente. Quando entramos em estado de presença, os pensamentos baseados em negativismo, medo, culpa e ressentimento desaparecem. Depois, anote na agenda ou em um caderno específico o que aconteceu com você e como se sentiu. Reflita sobre o que pode fazer na próxima vez para não se sentir culpada.

•

Além disso, reservo um tempo para cuidar de mim – da minha mente, da minha energia, do meu corpo e do meu campo espiritual. Incluo meu nome na minha agenda e marco compromissos comigo. Se meu corpo pede descanso, respeito seu chamado e paro. Calo a culpa determinando onde, quando e com quem quero estar.

Se a culpa não está deixando você descansar, trabalhar ou viver, é hora de reorganizar a sua agenda, abrindo espaços para realizar cada uma das tarefas que determinou.

9. Direcione a raiva para o lugar certo

"Não precisamos ter vergonha da raiva. Ela é algo muito bonito e poderoso que nos leva a agir. Temos que nos envergonhar é de exagerarmos na dose." (Mahatma Gandhi)

A raiva é a emoção que nos conecta com mais força à nossa energia vital.

Muita gente considera feio ter raiva. Acha que é um sentimento que deve ser eliminado. Pensar assim é um erro: a raiva é uma emoção – apenas isso. Pode ser empregada em boas ações (quando nos instiga a buscar o que queremos, por exemplo) ou em más (quando nos faz atacar alguém). A raiva é como uma faca: com esse talher, preparamos alimentos saborosos – ou tiramos uma vida.

A questão é como lidamos com a raiva. É muito comum que, ao suprimi-la, muitos acabem potencializando-a. Quanto mais fingimos que uma emoção não existe, mais ela se fortalece dentro de nós.

Só quando iluminamos o que queremos neutralizar é que enxergamos exatamente seu tamanho.

A raiva e o medo surgem quando não gostamos de algo ou nos sentimos ameaçados. Nosso cérebro libera adrenalina, um hormônio que nos deixa de prontidão para fugir (quando estamos com medo) ou lutar (quando estamos com raiva). Se optamos por lutar, o medo se transforma em raiva. Esse, porém, não é um pensamento lógico e consciente, mas sim automático. Já quando estamos com medo, nossa fuga se manifesta sob a forma de angústia, gagueira, suor frio ou aquele famoso branco. Isso tudo é muito comum em situações como entrevista de emprego, falar em público ou diante de algo que não compreendemos. Ficamos sem reação e depois nos sentimos frustrados porque nos calamos.

Quando aprendemos a cultivar nossa inteligência emocional, percebemos que é possível buscar a sensatez, mesmo com raiva e medo, e não reagir com impulsividade. É sinal de autorrespeito e autoconhecimento.

Conheço pessoas que descontam frustrações em um prato de comida, um copo de bebida ou em uma discussão cheia de acusações que não levam a lugar nenhum. Contra a raiva, recomendo uma atitude poderosa: direcioná-la para uma ação produtiva. Como? Em vez de gritar com alguém, vá correr, subir escadas, transforme toda essa energia acumulada em movimento. Lembre-se: quando sentimos raiva, o cérebro libera adrenalina; é preciso "gastar" essa substância para que ela não permaneça por muito tempo no nosso organismo desencadeando incômodos físicos ou doenças psicossomáticas. Sem falar que, quando nos movimentamos, ganhamos um bônus: a atividade física libera na corrente sanguínea a endorfina, hormônio responsável pelo bom humor.

Já compartilhei experiências com pessoas que meditam para melhor lidar com a raiva. Meditar é de fato importante para a saúde do corpo e da mente e ajuda a entender os porquês, mas, em uma situação explosiva, acredito no poder de agir para dissipar a energia da raiva. Dessa forma, ela não fica aprisionada no seu organismo, corroendo seu estômago e contaminando o seu sangue. Há pessoas que parecem calmas, mas têm tanta raiva acumulada dentro de si que, quando atraídas para uma discussão, despejam uma cascata de ódio.

Reprimir sentimentos como a raiva é prejudicial, e direcioná-la contra alguém é destrutivo. Quando estiver com raiva, não reaja: aja! Canalize essa emoção para algo realmente importante para você.

10. Liberte-se das emoções negativas

"Não importa o que fizeram com você. O que importa é o que você faz com aquilo que fizeram com você." (Jean-Paul Sartre)

Há alguns anos, quando fiz minha formação em hipnose, tive contato com o EFT (Emotional Freedom Techniques), ou Técnicas de Libertação Emocional. Esse conjunto de procedimentos desbloqueia os canais energéticos chamados de meridianos, enquanto nos concentramos na resolução de um problema.

Os meridianos que menciono aqui são os mesmos estudados há milênios pela acupuntura. São circuitos energéticos ou canais que compõem uma rede de alta complexidade conectando o cérebro ao restante do corpo – órgãos, músculos, pele, sistema nervoso. Criado em 1995 por Gary Craig para aliviar sintomas emocionais, melhorar a qualidade de vida e o desempenho profissional ou pessoal, o EFT é uma "versão emocional" da acupuntura que dispensa as agulhas. Craig acredita que a causa de todas as emoções negativas é uma interrupção no fluxo energético do corpo. Em vez de usar agulhas para restabelecer os caminhos, ele propõe o que chamo de "tapinhas". Essa ferramenta foi divulgada rapidamente por todo o mundo, para milhões de pessoas, e está disponível em mais de 30 idiomas. Uma pesquisa de 2012, publicada no *Journal of Nervous and Mental Diseases*, revelou que uma sessão de EFT foi capaz de reduzir os níveis de cortisol em até 50% em algumas pessoas.

Esse método terapêutico faz uso de leves batidas com a ponta dos dedos em determinadas partes do corpo, acompanhadas de perguntas e respostas que se repetem sucessivamente. Certa vez, em um curso, presenciei a aplicação do método em uma jovem mulher que tinha sido abusada sexualmente. O toque nos lugares corretos e a reiteração das perguntas foi desbloqueando dores que a jovem se recusava a acessar, produzindo uma catarse e, a seguir, imenso bem-estar e sensação de libertar-se de um trauma. Quando estou com um problema e desejo desbloquear uma emoção em mim, dou leves batidas com a ponta dos dedos nos pontos meridionais do meu corpo. Faço isso enquanto repito frases que indicam ao sistema energético o que preciso solucionar.

É um processo simples, mas muito profundo. Ele rapidamente melhora a saúde física e emocional, porque as emoções negativas estão ligadas a uma desordem nos fluxos energéticos do nosso sistema. Uma vez restabelecido o fluxo natural, o sentimento negativo desaparece.

Em minha prática, toco, em média, sete vezes em cada ponto. Por exemplo, se estou insegura e desejo ganhar confiança, digo: "Quanto mais eu respiro, mais confiante fico".

Os resultados nunca deixam de me surpreender. Pratico a técnica em minhas filhas e em meu marido também. Certa vez, ao anoitecer, minha filha mais nova começou a chorar porque tinha escutado uma história assustadora. Resolvi aplicar a técnica e, quando terminei, ela havia esquecido o assunto.

O método tradicional acolhe a causa para transformar o sintoma. A fala é assim: "Mesmo que eu esteja com medo, eu me aceito profunda e completamente". O objetivo desse modelo é não entrar em choque com o conceito de que o medo age como um mecanismo de proteção.

Por isso, aceite o sentimento, fale dele, mas já tome uma decisão na sequência. Dessa forma você irá quebrar a resistência psicológica à crença.

Se agir assim, os resultados virão, mas eu prefiro fazer do meu jeito. Em vez de focar no problema que se tem para neutralizá-lo, como prega o EFT tradicional, prefiro enviar ao meu cérebro comandos sobre o que desejo, pois assim fortaleço a prática com o meu poder de criar o que quero. Ao fazer uso de afirmações positivas, especialmente em voz alta, enviamos um direcionamento para que o cérebro perceba mais daquelas informações positivas no ambiente.

Essa é uma atitude poderosa que em poucos minutos gera resultados espantosos.

11. Dê gargalhadas

"Já pensaram no poder curativo das gargalhadas?" (Batman)

A energia da gargalhada é da espontaneidade e leveza. Quando gargalhamos deixamos de lado, ainda que temporariamente, o estresse que possa estar navegando em nosso ser.

À medida que crescemos, porém, rir alto vai se tornando cada vez mais esquisito, quase embaraçoso. Temos receio de ser julgados e considerados extravagantes ou inoportunos. Perdemos aos poucos a intimidade com a criança livre que havia dentro de nós. Se você está sério, normal, mas se está rindo, parece louco ou viu passarinho verde. Espera-se que sejamos calados; anormal é ser sorridente.

Eu tinha me tornado assim. Passei muito tempo da minha vida sem rir. Isso mudou quando tive minhas filhas, ainda pequenas enquanto eu escrevia este livro.

Para as minhas meninas, o natural é pular, festejar, dançar, gargalhar. Elas literalmente nunca ficam quietas, exceto quando estão acordando ou quando vão dormir. O anormal é estarem quietas, quando isso acontece, penso: "Estão doentes". Há uma criança por perto? Observe-a: o "modo" natural delas é a gargalhada.

Por que perdemos isso? Necessariamente tem que ser assim?

É natural que a fase adulta venha acompanhada de responsabilidades, foco, concentração e disciplina. O que aconteceu com você? Quando foi a última vez que soltou uma boa gargalhada? Esse questionamento é importante para impulsionar um resgate dessa energia boa.

Reflita sobre estas perguntas:

Em quais momentos você teria mais tranquilidade para lidar com essa energia?

No passado, quando se conectava com a ação de gargalhar, quais eram suas crenças sobre si mesmo e sobre as outras pessoas? O que mudou?

O que traria hoje essa alegria de volta ao seu ser?

Se você não está conseguindo gargalhar, observe estes três pontos:

1. Você está recebendo os estímulos certos? No meu caso, funciona bem pedir a minhas filhas que façam cócegas em mim, um filme, um vídeo ou até mesmo ficar diante do espelho e começar a rir, do nada.

2. Você está se permitindo rir? Às vezes, a seriedade dos ambientes que frequentamos trava nosso ímpeto de gargalhar.

3. Você tem consciência de quanta saúde existe em uma gargalhada? O riso intenso e franco libera a química certa para sua saúde e seu bem-estar.

Lembre-se: você é responsável pelo que colhe na sua vida. Se não se sente feliz, procure entender o que falta. Pode ser que esteja faltando posicionamento, isto é, atitude correta na direção certa.

PARA SE CONHECER CADA VEZ MELHOR

12. Faça uma lista dos seus rótulos e jogue no lixo

"Meu tempo tornou-se escasso para debater rótulos, quero a essência, minha alma tem pressa." (Rubem Alves)

A partir do momento que alguém colocou os olhos em nós, já temos um rótulo. Nossos pais, tentando entender quem somos, vão nos dando "apelidos". E assim crescemos, acreditando que aquela interpretação é a verdade.

Chegou a hora de você começar a formar suas próprias opiniões sobre si mesmo.

Gostaria que fizesse uma pausa para perceber quais rótulos foram colocados em você desde a infância até a vida adulta. Eu tive vários, como desorganizada, desatenta, esquecida e atrapalhada, mas também estudiosa, amiga e "danada", segundo meu pai. Todos esses rótulos, bons ou ruins, me afastaram de quem eu era de verdade e prejudicaram a minha autoestima.

Quando criança, eu, assim como você, recebi rótulos e acreditei neles. Infelizmente as pessoas mais próximas a mim, como meus pais e irmãos, os reforçaram. Pouco a pouco, me apropriei dessa identidade como se fosse verdadeira. Foi muito difícil romper essas crenças.

O primeiro passo para se livrar delas é compreender que seus pais fizeram o melhor possível com os recursos de que dispunham. Provavelmente nem tinham consciência de estar rotulando. Muitas vezes eu mesma, na tentativa de entender minhas filhas, Lise e Laís, digo que uma é assim, outra é "assado". Ninguém põe rótulos por mal. Portanto, perdoe.

Agora, perceba que você não é nada disso que o fizeram acreditar que fosse. Talvez se comporte como no rótulo em uma ou outra oportunidade, mas isso não significa que ele define você. Observe-se com profunda e renovada atenção: você está em transformação, como todos os seres humanos. O que está se tornando, dia após dia?

Se você tem filhos, fique atento para não os rotular. Crianças estão em processo de desenvolvimento e, como pais, é nosso papel abrir caminho para que elas experimentem possibilidades. Se uma criança tímida sente vergonha de cumprimentar um desconhecido, dê o exemplo e ofereça a ela a chance de ser mais comunicativa na próxima ocasião.

Não rotule seu filho de tímido, mesmo que se mostre quieto em um primeiro momento. Esse rótulo, como tantos outros, é muito pesado durante a infância e na vida adulta. Procure mostrar que ele está em constante evolução e que mudará muito ao longo da vida, e o importante é que seja… para melhor!

13. Acolha a sua sombra

"A decepção advém da perda de controle sobre o outro. Ele não fez o que eu gostaria de fazer. É bom que aconteça isso. Não quero ser marionete da vontade alheia." (Leandro Karnal)

Observar o que incomoda no outro é um jeito eficiente de perceber o que incomoda em você mesmo.

Muitas vezes criticamos o comportamento alheio e não paramos para pensar que a causa de nossa decepção é o fato de o outro não ter feito o que queríamos, da maneira que queríamos.

Todos temos o impulso de controlar o outro, mas, se começamos a nos incomodar com as pessoas que convivem conosco, devemos, em primeiro lugar, identificar o porquê desse desconforto. Quando desejamos que o outro satisfaça nossas vontades, vale observar o que nos faz tão insatisfeitos com a vida a ponto de querermos controlar o comportamento alheio. É importante entender em que momento da vida decidimos que felicidade equivale a satisfação de desejos.

Muitos de nós simplesmente ficamos emburrados quando uma pessoa não faz o que esperamos, mas quem determina o que o outro deve fazer?

Geralmente, o que nos incomoda no outro é o reflexo de uma sombra que não queremos enxergar em nós. Por exemplo: se julgo uma amiga que vive tendo explosões de raiva, talvez seja sinal de que tenho uma raiva contida em mim querendo transbordar.

Gostamos de nos enxergar mais inteligentes, iluminados e com mais habilidades do que realmente temos.

Ao mesmo tempo, reprimimos muitas emoções e sentimentos ao longo da vida. Se tivemos uma educação cristã, sob os ideais da benevolência e da generosidade, provavelmente reprimimos as qualidades que seriam a antítese: a raiva, o egoísmo. Por isso, quando vemos alguém com características que condenamos, ficamos assustados. Aquilo revela quem somos.

Negar a sombra não é uma atitude inteligente. Nos contos de fada, ela apavora o herói, mas, ao mesmo tempo, o impulsiona para a ação. O que seria de um herói sem um vilão?

Nos contos, o herói tem a habilidade de integrar sua sombra em vez de destruí-la. É uma grande façanha dominá-la e transformá-la em um amigo que o auxilia nos momentos certos.

Nossa sociedade, muitas vezes, nos faz viver de aparências. Negamos o mal que existe em nós. No entanto, quando o sufocamos, ele se fortalece.

Uma atitude poderosa é trazer luz para a sua sombra. Um processo terapêutico pode ajudar. É a partir do contato com nossas fraquezas que nos abrimos para as nossas potencialidades.

14. Não tenha medo de expor sua vulnerabilidade

"Vulnerabilidade não é conhecer vitória ou derrota, é compreender a necessidade de ambas, é se envolver, se entregar por inteiro." (Brené Brown)

A vulnerabilidade nos leva para outro nível. Enquanto estamos no ego e no medo de errar, não agimos. Toda vez que escondemos uma fraqueza é natural que tentemos manter distância de qualquer tarefa que possa nos expor. Com isso, ainda que de forma inconsciente, vamos nos distanciando do desenvolvimento dessa competência.

Quando despimos nossas máscaras e mostramos aquilo que não sabemos, nos aproximamos da possibilidade de alcançar os nossos sonhos. Isso acontece porque, ao se mostrar como é, você assume os seus defeitos ou mesmo sua falta de habilidade para determinado assunto e recebe carta branca para aceitar suas falhas.

O erro é uma das ferramentas com que Deus nos presentou para chegarmos ao nosso sonho.

A vida consiste em erros e acertos. Quando você aprende qualquer trabalho novo, é natural que erre até acertar. Quem tem medo de errar não aprende. Completamente diferente da pessoa que abaixa suas armas e mostra a sua fragilidade, assumindo para o outro que não sabe e está disposta a aprender.

Desde pequenos nos conectamos com a perfeição. Desejamos ser o aluno mais querido, o que tira as melhores notas, o adolescente que tem o corpo perfeito, o jovem adulto que consegue o emprego da moda. Esse é um caminho que, além de não existir, nos afasta da felicidade, porque sempre haverá alguém mais bonito, inteligente e mais bem-sucedido do que nós.

Já passei por isso, como sei que você certamente também. Na minha infância, desejava ser representante de sala, mas nunca venci. Adulta, queria ter as melhores notas na faculdade, tanto que fui a homenageada da minha turma, com média final de 8,64. Depois, percebi que essa busca pela perfeição só me afastava da felicidade e de quem sou. Hoje, busco ser o melhor que posso ser, mas nunca melhor do que qualquer outra pessoa. Não me comparo mais com ninguém, mas sim com a Andreza do mês, do ano, das décadas passadas.

Notei que quanto mais eu aceitava a minha vulnerabilidade, mais alegre e energizada me sentia. Percebi que ao me abrir para a possibilidade de errar, também me abria para o acerto, pois a porta era exatamente a mesma. O único jeito de acertar é agir, fazer alguma coisa, e de cada ação podem surgir resultados positivos ou negativos. O que está ao meu controle é a atitude, o que virá depois foge das minhas mãos, dependendo de uma infinidade de possibilidades.

Se eu continuasse a negar minha vulnerabilidade, teria Andreza como minha maior inimiga. A ação está diretamente relacionada à confiança e coragem de ser quem sou, e todos nós, sem exceção, somos imperfeitos. O que é pior: sofrer agora fazendo o que precisa ser feito e seguir adiante ou sofrer a vida inteira sentindo a dor e o arrependimento de não ter se posicionado? Aceitemos nossa verdade e brindemos ao que não sabemos.

15. Aperte o botão do "tô nem aí"

"A ideia não é fugir das merdas. É descobrir com qual tipo de merda você prefere lidar." (Mark Manson)

Durante muito tempo acreditei que, para ser feliz, precisava colaborar com todos ao meu redor e fazer todas as pessoas felizes.

Enquanto pensava em agradar a todo mundo, esquecia de mim. Muitas vezes, somos permissivos demais nos relacionamentos e esquecemos que, quando nos anulamos para fazer o outro feliz, não cuidamos de nossas necessidades. Isso nos fará cada vez mais infelizes e, portanto, menos capazes de espalhar alegria ao nosso redor. Então, identifiquei uma atitude poderosa que me fez transformar isso: passei a ligar o botão do "tô nem aí" para certas situações e pessoas que estavam sempre insatisfeitas, mesmo tendo tudo de mim. Foi uma libertação! Parei de despender energia em relações que não ofereciam nenhuma contrapartida.

Foi assim que aprendi a deixar de lado o que eu não podia mudar. Todos conhecemos indivíduos que ainda não estão comprometidos com a própria evolução pessoal. Muitas das situações fora do meu alcance decorrem disso.

Ligar o botão do "tô nem aí" é estar ciente de que se você não pode mudar alguém ou uma situação, não precisa se desgastar por isso. Volte-se para o seu interior e esteja consciente de que a sua mudança, inevitavelmente, afetará as pessoas a sua volta.

Muitas vezes nos modificamos para atender a alguma necessidade da sociedade. Já vi pessoas perdendo a identidade por isso. Em alguns momentos é preciso entender que precisamos conhecer primeiro a nossa necessidade para depois olhar a do outro.

Ligar esse botão também tem a ver com a coragem de ser quem você é. Não adianta moldar comportamentos e ações para ser aceito pelos outros. A vida vai nos ensinando o que merece nossa atenção e o que não merece nem um pingo dela.

Quando ligo o botão do "tô nem aí" para tudo o que está fora do meu controle, encontro leveza para viver o dia "apesar de". Busquei inspiração em pessoas ao meu redor que fazem isso muito bem. Tenho um amigo que é artista em ligar esse botão. Comecei a entender em que ele acreditava, quais eram as suas crenças e seus valores. Na verdade, uma chave virou dentro de mim. Eu não ligava o botão porque acreditava que seria julgada e rejeitada, mas o que aconteceu de verdade é que as pessoas passaram a me respeitar e confiar mais em mim quando passei a impor limites e ser sincera.

Observando aquele amigo, percebi que a honestidade era um valor muito forte para ele. Tão forte que só poderia ser verdadeiro com o outro se fosse primeiro com ele. Apliquei esse raciocínio a mim mesma e compreendi por que achava tão difícil apertar esse botão: embora eu dissesse que estava preocupada com o outro, na verdade estava interessada na imagem que fariam de mim. Só mudei essa postura quando percebi que, ao dizer não, minha intenção não era magoar as pessoas, mas sim preservar o valor da honestidade. Para mim, ser honesta é muito mais importante do que ser reconhecida pelo outro, isso é fruto do orgulho, da vaidade e do medo da rejeição.

Por último, apertar o botão do "tô nem aí" é descobrir quais são os seus maiores medos e enfrentar um a um. Se der errado (às vezes dará), fazer de novo, apertar de novo, o número de vezes que for necessário. Você sobreviveu a 100% dos seus piores dias, e isso merece aplausos, mas meu convite agora é que viva 100% dos seus próximos piores dias enfrentando os obstáculos e colocando sua vontade acima de todas as desculpas.

16. Escolha quem (e o que) quer ter por perto

"Para julgar um homem, basta observar quem são seus amigos." (François Fénelon)

Amigos são anjos que podemos escolher aqui na Terra para tornar nossos dias melhores. Mas eles não estão conosco o tempo todo. Convivemos com amigos, sim, mas também com livros, revistas, pessoas e lugares, músicas e jogos. Tudo isso faz parte do pacote "queremos ter por perto". Se você vive no piloto automático talvez nunca tenha parado para pensar sobre isso. Mas o fato é que estamos tomando decisões o tempo inteiro, desde a hora em que acordamos até o instante de dormir: decidimos se vamos tomar banho de manhã cedo ou não, se vamos nos exercitar ou não, o que vamos vestir, o que haverá para o almoço, o que diremos para nosso chefe...

Aqui o recado é simples e direto: as escolhas que você faz estão aproximando ou afastando você da vida que deseja levar e da pessoa que deseja ser?

Lembre-se: autoestima é valorizar a nós mesmos. E valorizar a nós mesmos, na prática, é fazer boas escolhas. Então, não fique ao lado de algumas pessoas que não fazem bem a você só porque "a vida colocou esse alguém tão próximo". O planeta Terra é, em termos universais, relativamente pequeno. Dá para percorrê-lo de avião, para ter uma ideia. Ou seja, a vida colocou ao seu lado mais de 7 bilhões de pessoas! Boa sorte para escolher quem faz bem para você.

17. Respeite as suas fases

"Tenho fases, como a lua. Fases de andar escondida, fases de vir para a rua." (Cecília Meireles)

Já reparou que, em determinados dias do mês, você se sente mais emotivo? Em outros, tudo parece dar certo? Já percebeu que em determinados momentos está mais introspectivo e, em outros, mais exuberante?

A verdade é que somos seres de fases, como as da Lua. O problema é que queremos que a vida seja só crescimento, só "lua crescente". Isso é impossível, pois nos obrigaria a correr sempre. Correr é importante, mas também significa não olhar para os lados e, com isso, perder os detalhes. Precisamos aceitar nossas fases "minguantes", recolhendo-nos quando nossos movimentos internos nos pedem silêncio, transbordando quando as marés dentro de nós – somos 70% água, é sempre bom lembrar – tomarem as areias da praia. Se aceitarmos que as fases são naturais e podem nos proporcionar um entendimento maior do universo e do nosso interior, avançaremos em nosso crescimento espiritual.

Certa vez vivi uma experiência grandiosa em harmonia com a Lua e suas fases. Dessa vivência, em uma de minhas jornadas de desenvolvimento humano, nasceu esta atitude. Lembro-me que comecei meu percurso na Lua Nova, afinal estava cheia de sonhos, iniciando projetos novos e plantando sementes, buscando fincar raízes fortes. Observar isso foi de uma enorme sacralidade, porque eu já podia me preparar para a nova etapa.

Continuei a minha andança e me peguei na Crescente – ali, soube que precisaria colocar muita energia se eu quisesse alcançar os resultados desejados. Na minha vida, permaneci por muito tempo nessa fase. Sempre tive o perfil de trabalhar muito e me empenhar ao máximo.

A seguir, mergulhei na Lua Cheia e cobri a minha alma de alegria: naquela fase, compreendi que todo o esforço seria recompensado e eu colheria os resultados das minhas atitudes.

Porém, o grande *insight* veio quando meu corpo se deslocou para a última estação, a Minguante – gelei ao notar que, na minha caminhada, nem sempre me respeitei. Em vários momentos, fui exigente demais comigo mesma, passando muito tempo na fase Crescente, que significava trabalhos e projetos sem pausas. Ainda assim, foi valioso entender que a fase em que eu tinha penetrado era tão importante quanto todas as outras. A Minguante é quando a seiva começa a se deslocar em direção às raízes, tantas vezes negadas por mim. Aqui, faço apenas um alerta: por ser uma fase introspectiva, penso que devemos estabelecer um prazo para sair da Minguante.

Esse ciclo é tão celestial porque não existe mal nenhum em cumpri-lo, em se abrir para o seu descanso e para a pausa. Alinhar-se às fases da Lua produz um momento de reflexão para estabelecer novas estratégias, já que depois da Minguante viria a Nova, em ciclos que se repetem continuamente. O mais divino foi tomar consciência de que não há uma fase mais especial do que a outra; todas são igualmente importantes e se complementam. Assim também acontece com os meus ciclos internos: se eu quiser sempre permanecer na produção ou na colheita, não terei o equilíbrio para fincar uma boa raiz, correndo o risco de construir castelos de areia que poderão ser facilmente destruídos pela força das marés.

18. Saiba a hora de desacelerar

"Se suas ações inspirarem os outros a sonhar mais, aprender mais, fazer mais e se tornar mais do que são, você é um líder."
(John Quincy Adams)

Vivemos em uma cultura que nos impõe um ritmo alucinante, nem lembramos que de vez em quando é preciso parar! Estamos hipnotizados pela velocidade e queremos tudo para ontem. Essa agenda maluca nos impede de fazer o que merecemos e nos priva de momentos que poderiam ser maravilhosos.

Já almocei no carro, respondi mensagens de aplicativos caminhando – uma vez, escrevendo uma mensagem, caí de uma escadaria e só não me machuquei feio porque meus anjos me ampararam. Mas senti muita dor por muitos dias, em um lembrete da importância do estado de presença que tanto busco; por mais que conheçamos a teoria, ela não funciona sem a auto-observação diária.

Muita gente não sabe a hora de parar e adoece com estresse e síndromes diversas. Precisamos virar a chave antes que os problemas nos atinjam. Pense em um carro que em algum momento terá que passar por uma revisão. Na bateria de um celular que precisará ser trocada. Por que não ter um estado de atenção e cuidado conosco?

Encontrar nosso equilíbrio é um desafio diário. Por isso, repito: a vida vale a pena não pela velocidade que imprimimos aos nossos dias, mas pelo valor que eles têm. Hoje penso que é melhor fazer menos e bem-feito do que ser multitarefa. Na sociedade da quantidade, deixo a você um convite para refletir sobre a qualidade.

TODO SANTO DIA

Faça uma conta matemática: o seu nível de felicidade está diretamente proporcional aos bons resultados que você está alcançando? Se a felicidade for inferior ao nível de coisas boas, é porque você não está tendo tempo suficiente para degustar as suas conquistas. Hora de fazer QUALQUER COISA: meditação, oração, passeio no parque... Tudo para se dar um tempo de desacelerar e escutar os próprios sentimentos.

19. Perceba sua reação antes que ela aconteça

"Entre o que acontece comigo e minha reação ao que acontece comigo há um espaço. Nesse espaço está a minha capacidade de escolher minhas respostas e definir meu destino." (Stephen Covey)

Todo santo dia procuro observar quando algo começa a me incomodar. Faço isso para evitar que aquela sensação vire um pensamento ruim e, depois, uma atitude que não me fará bem. Quando estamos estressados, é comum fazermos coisas das quais nos arrependemos depois.

O incômodo muitas vezes significa que existe algo em nosso inconsciente querendo vir à tona.

Hoje, sei que preciso me colocar em estado de presença quando começo a me sentir desconfortável, porque daquele sentimento virá um pensamento e, em seguida, uma ação. A maior dificuldade é perceber o pensamento se insinuando, já que vivemos a maior parte do tempo no piloto automático.

Quando estamos presentes aqui e agora, é possível responder racionalmente a um determinado acontecimento em vez de reagir sem pensar. Por exemplo, se existe um conflito no ambiente de trabalho e aquilo mexe com o meu emocional, preciso entender que a raiz do problema está ali, e não na minha casa. Portanto, não adianta explodir com minha filha somente porque ela ainda não fez a lição de casa ou não tomou banho.

Como nosso cérebro está, na maior parte do tempo, remoendo ações do passado ou preocupando-se com o futuro, é comum não conseguirmos identificar a origem do que nos faz mal. Uma conhecida minha começava o dia vendo o que havia de pior nos noticiários da TV: assassinatos, roubos, pessoas em sofrimento. Quando nos encontrávamos pela manhã, o assunto dela era sempre o horror do dia que mal havia começado. A certa altura, entendi que ela se apegava àqueles acontecimentos trágicos porque estava muito infeliz e a TV lhe mostrava que havia outras pessoas em situação pior. Era uma máscara para esconder dela própria a dor que sentia.

Se não vigiamos com responsabilidade aquilo que consumimos, corremos o risco de tomar para nós energias, sentimentos e emoções dos outros o tempo todo. Nos tornamos esponjas dos ambientes que frequentamos e começamos a nos comportar de maneira diferente, reagindo de maneira impensada ao que nos provoca.

Cabe a nós vigiar os pensamentos e os sentimentos e assim evitar reações que fujam do nosso controle.

Hoje, busco me colocar em estado de presença sempre que algo ou alguém me incomoda. Às vezes, uma simples conversa dispara um mal-estar. Nesse momento, respiro fundo para entender aquele sentimento e impedir que ele se transforme em uma bola de neve ao longo do dia.

Intercepte sua reação antes que ela aconteça. Não deixe que ela contamine seus relacionamentos, seu trabalho e estrague sua vida. Aprenda a dirigir suas emoções. Essa atitude poderosa traz equilíbrio para o cotidiano.

20. Mapeie o seu padrão de comportamento positivo

"Se tem pensamentos felizes, você produz moléculas felizes. Por outro lado, se tem pensamentos ruins e pensamentos raivosos, e pensamentos hostis, você produz aquelas moléculas que podem deprimir o sistema imunológico e deixá-lo mais suscetível a doenças." (Deepak Chopra)

Uma atitude poderosa é observar como seu cérebro funciona quando está motivado e transferir, de maneira consciente, esse mesmo padrão de comportamento entusiástico para outra atividade que você não faça com tanta empolgação. Será que isso é possível? Sim! E afirmo para você que a sensação é maravilhosa.

O primeiro passo é escolher a experiência que você deseja mapear.

Eu mapeei meu cérebro quando comia chocolate amargo, um alimento que eu adoro. Mas você pode fazer o mapeamento de qualquer atividade que lhe traga prazer: jogar futebol, conversar com os amigos, dançar... O objetivo, no final dessa prática, será entender como o seu cérebro trabalha quando está motivado e "transferir" esse mapeamento do que fazemos com gosto para o que não fazemos com tanta alegria assim...

Comecei então a questionar essa ação aparentemente tão simples. De onde vem minha opção por comer chocolate amargo? Como porque posso, porque quero, porque é necessário ou porque escolho? O que faz mais sentido para mim é a escolha. Escolho comer chocolate.

Em seguida, busco entender minha motivação: o que

me leva a comer chocolate? No meu caso, é a vontade.

O passo seguinte é entender o que determina o conjunto de comportamentos que tenho. Quando como chocolate amargo, estou buscando prazer ou alívio de alguma dor? No meu caso, é por prazer. Mas poderia ser para suavizar a minha ansiedade. Nesse caso, comer chocolate amargo seria um jeito de fugir da dor.

Eu me pergunto se o que me motiva a comer chocolate amargo é algo externo ou interno. Para mim é interno. Não foi ninguém nem nenhuma situação que despertou em mim essa vontade. Também indago a mim mesma se foi uma ação aleatória ou algo rotineiro. No meu caso, é uma rotina: tenho hora certa para comer um quadradinho de chocolate amargo, sempre depois da refeição, junto com o café.

Procuro entender se, ao comer meu quadradinho de chocolate, permaneço na minha zona de conforto ou saio dela. Constato que estou dentro da minha zona de conforto, é algo que faço no dia a dia.

Finalmente, busco compreender se foi uma decisão racional ou emocional. No meu caso é racional. Eu sei que farei isso depois de uma refeição. Não está vinculada a emoções como raiva, tristeza, medo ou alegria.

Feito isso, acabo de descobrir o meu modelo mental no estado motivado. Com essa clareza posso, conscientemente, aplicar esse modelo a algo que não gosto tanto de fazer, como arrumar a casa nos finais de semana. Sei exatamente como devo agir para motivar a mim mesma: tenho que escolher arrumar a casa, ter prazer em fazê-lo (pensando no bem-estar que advém de ter a casa em ordem, por exemplo), produzir então uma motivação interna, desvincular esse ato de emoções ruins. Quando consigo criar esses gatilhos, trabalho com entusiasmo e vejo minha produtividade se multiplicar.

    Talvez tenha parecido complicado ou, ao contrário, simples demais para ser eficaz. Mas o fato é que, por meio desse mapeamento que hoje, por conta do treino, faço com naturalidade, acabo de apresentar você aos princípios da Programação Neurolinguística (PNL). Experimente e reprograme seu cérebro. Todo o seu corpo agradecerá.

21. Seja o vetor da sua própria mudança

"Seja a mudança que você quer ver no mundo."
(Mahatma Gandhi)

Quantas vezes na minha vida desejei que a mudança ocorresse no outro, que meu marido demonstrasse mais atenção, que minhas filhas fossem mais obedientes, que meus colaboradores fossem mais proativos, que minha mãe fosse mais tranquila. Comecei a ler, ir a palestras e assistir a vídeos de autoajuda. Ouvia a mesma ladainha de sempre: a mudança começa em você. Eu pensava: "Como a mudança começa em mim se o outro me tira do sério, me irrita e muitas vezes é desonesto e mal-humorado?"

Na minha cabeça, achava muito difícil esse lance de eu mudar e o outro continuar agindo como quisesse. Nessa época, eu não sabia que podia escolher entre ficar intoxicada por aquele sentimento ou não. Achava que seria impossível fazer essa diferenciação, até que a chave aos poucos começou a virar. Não foi de uma hora para a outra. Primeiro compreendi que o outro só teria condições de me machucar se eu deixasse. Percebi, então, que eu sempre teria a escolha de continuar na relação do jeito que ela estava. Ou não.

Comecei a observar como eu lidava com o comportamento alheio. Se acontecia algo que me desagradava, buscava olhar apenas para mim, me perguntando como poderia sair daquela situação com mais força e em paz. Sempre desejamos que o outro nos trate bem, que algo aconteça de um determinado jeito, mas não nos damos conta de que a vida nos trata da mesma forma como a tratamos.

Quando alguém se comporta de uma maneira que me entristece, analiso se contribuí para aquela atitude e, caso tenha a minha parcela de responsabilidade, avalio o que posso fazer de diferente para aquilo não se repetir.

Quando vejo algo que me encanta em uma pessoa, tento despertar aquele mesmo sentimento em mim, para começar a agir como ela.

Qualquer que seja a situação, confortável ou não, a mudança começa em mim. O outro pode até despertar algo no meu coração, mas a transformação sempre será de minha responsabilidade. Não tem como delegar.

Antes de se tornar flor, a semente não sabe o que vai acontecer. Se tivesse consciência, ela talvez não acreditasse no que o futuro lhe reserva. Em nossa vida, postergamos as mudanças porque tememos o desconhecido, mas precisamos de arrojo para nos desfazer da carapaça da segurança e nos mover em direção ao novo.

A metamorfose é poderosa, positiva e progressiva. Se queremos uma vida nova, plena de significado e beleza, precisamos, em primeiro lugar, de uma transformação interna. Temos que ser a mudança que queremos ver no mundo, em vez de apontar o dedo ininterruptamente nos erros dos outros.

22. Encontre seu sorriso interior

"Elegância é quando se é tão linda por fora quanto por dentro." (Coco Chanel)

Sempre procuro fazer perguntas que podem me empoderar. Diante de algo triste, com o poder de cobrir de sombras o meu dia, em vez de pensar "o que eu fiz para merecer isso?", reflito "como posso me tornar uma pessoa melhor graças a esse acontecimento?" Quando mudamos o significado e a representação de algo que nos incomoda, tomamos a decisão de ser felizes.

Todo dia busco meu sorriso interior e escolho ser o mais alegre que posso. No entanto, até alguns anos atrás eu simplesmente não acordava bem. Vivia perguntando a uma amiga terapeuta: "Será que é possível acordar feliz?" Conversávamos sobre a felicidade e eu me esforçava para melhorar esse estado de espírito, mas não conseguia.

Então, certo dia, percebi que despertar bem era uma decisão que eu precisava tomar. Não adiantava buscar fora de mim, o tempo todo, motivos para sorrir. Em vez de procurar razões para ser feliz, eu precisava encontrar a minha alegria interior. Percebi que, quando encontrasse esse riso, nada poderia me afastar da felicidade, mesmo em dias ruins.

Todos temos maus momentos, claro. A vida sempre nos trará motivos para chorar ou sorrir. Alguns eventos podem nos destruir caso não tenhamos essa fortaleza interna que protege nossa chama interior.

Como criar esse espaço dentro de nós? Como encontrar o caminho para o sorriso interior com simples atitudes?

Acredito que, se estivermos atentos, conseguiremos perceber que as adversidades escondem grandes presentes. Buscaremos novos significados para surpresas desagradáveis e, principalmente, semearemos paz em nosso coração.

A meditação pode nos ajudar nessa jornada. Sente-se de olhos fechados e procure imaginar o seu rosto radiante e seu sorriso como fontes potentes de energia, emitindo luz na sua direção.

Enquanto visualiza o sorriso, coloque-o no rosto e sinta o coração se abrindo. Respire fundo e perceba que a sua glândula timo, que fica no meio do peito, também está sorrindo. Imagine seus órgãos internos, entre eles o pulmão, o fígado, o pâncreas, o estômago, o intestino e todo o aparelho reprodutivo, realizando seu trabalho. Sorria para eles, agradecendo por cumprirem suas funções com saúde e vitalidade.

Sinta que seu coração se enche de luz e visualize uma espiral luminosa ao seu redor.

Procure visualizar esse sorriso dentro de você todos os dias, como uma força geradora de energia capaz de alimentar seu espírito a qualquer momento. Em voz alta, diga uma frase ou palavra que faça sentido e seja importante para você – "amor", "sou grato pela minha vida", "eu mereço ser feliz" – e deixe fluir.

O humor é que dá o tom da nossa vida e nos fortalece diante das adversidades. Podemos nos deixar levar pelas circunstâncias ou desenvolver a disposição interna de criar um estado de espírito positivo, trazendo esse sorriso interior à tona. Faça esse combinado com você, cumpra-o – e nada poderá abalá-lo.

23. Faça a sua música sem tentar copiar o outro

"Pouco importa o julgamento dos outros. Os seres humanos são tão contraditórios que é impossível atender às suas demandas para satisfazê-los. Tenha em mente simplesmente ser autêntico e verdadeiro." (Dalai-Lama)

Por mais que você se esforce, não conseguirá ser nem agir como outra pessoa. Cada uma tem seus defeitos e suas qualidades. Um pé de laranja não dá limões.

Com você acontece do mesmo jeito.

A arte e o tom são individuais, não adianta querer copiar o outro; você pode até tentar, mas não será real nem autêntico. Tudo aquilo que não é verdadeiro nos aprisiona. Soltar a voz requer autoconfiança, porque significa agir e tomar decisões apesar do medo de errar.

Esse processo de tirar as máscaras nos convida a dar um sentido diferente para os eventos negativos e mudar o significado da palavra fracasso, transformando-a em aprendizado. Temos uma essência, um brilho e um potencial ilimitado que não podem ser desprezados nem ignorados. A vida quer de nós o que somos de verdade.

Muitas vezes, você busca copiar porque não se acha bom o suficiente. Por medo de falhar prefere copiar outra pessoa, mas enquanto agir assim a música maravilhosa que existe dentro de você não encontrará espaço para se manifestar.

Essa movimentação aconteceu dentro de mim. Nunca fui escritora e, enquanto trabalhava neste livro, recorri a pessoas que pudessem me ajudar a colocar para fora aquilo que o meu coração sentia. Eu já tinha praticamente terminado quando, por conta de vários empecilhos, precisei voltar quase à estaca zero e refazer tudo. Era como se as portas estivessem se fechando, até que eu percebi que Deus, diante de todos os desafios, me convidava a abrir outra porta, repleta de aprendizado e ensinamentos.

Hoje, olhando para trás, consigo conectar os pontos. Eu precisava confiar em mim, no meu coração, na minha vontade de contribuir, disseminando as atitudes que eu já praticava no meu dia a dia. Poderia até não escrever da maneira mais linda e fluida do mundo, mas seria eu, Andreza, com meus erros e acertos e, acima de tudo, com a minha essência. É esta a pessoa que você encontra aqui, hoje, nestas páginas.

Acredite no seu potencial e seja uma potência. Uma canção em harmonia com o universo. Ser você é a maior revolução que pode protagonizar.

24. Viva sua vida como sempre sonhou vivê-la

"Se você desejar viver sua vida com plenitude – se desejar ser livre, precisa primeiro entender por que não está livre. A investigação que se deve fazer é dentro dos escombros e dos cárceres que cada um de nós carrega. O processo de autoconhecimento é ininterrupto." (Elle Luna)

Todos nós sabemos o que nos faz bem e o que nos faz mal. Não há nenhuma novidade nisso. Curiosamente, temos medo de abandonar o que nos faz mal e ir na direção do que nos faz bem. De onde vem essa resistência?

Na maioria das vezes, acolhemos as expectativas das pessoas a nosso respeito sem olhar para dentro e perguntar a nós mesmos, com sinceridade: "Com o que sonho? O que eu quero de verdade?" Agimos assim para nos distanciar do julgamento alheio. Porém, quando fazemos escolhas para agradar a pai, mãe, marido, mulher, gato, cachorro, vizinho, condenamos a nós mesmos a uma prisão interior. Abrimos mão de nossa vida e de nosso bem-estar.

Acontece que, enquanto não parar com essa mania de querer agradar a gregos e troianos, você não viverá a vida que deseja. Estará traindo seus valores e crenças. Ficará cada vez mais distante dos sonhos, que são o combustível para as grandes realizações. Correrá o risco de que a sua jornada desemboque na curva da depressão.

Se você ainda não vive como amaria viver, faça um exercício de autoconhecimento delicado e valioso: escreva um inventário das suas principais decisões nas diversas áreas da vida (pessoal, profissional, espiritual, de saúde e relacionamentos) e identifique as que mais afastam você da realidade que deseja experimentar. Pode ser que o medo esteja cortando as suas asas e aquebrantando o seu sorriso. Sabemos que é um sentimento paralisante.

Se você não está vivendo a vida que sempre quis, arrisca-se a se afastar cada vez mais dela, porque o ciclo do negativo passa a ser natural. A boa notícia é que todos os dias somos presenteados com a possibilidade de fazer novas escolhas e atribuir significados diversos a decisões que tomamos lá atrás.

Eu me casei muito nova, com um homem dez anos mais velho do que eu. Meu foco estava no meu casamento e nos meus estudos e, mais tarde, no trabalho. Até os meus 29 anos, nunca tive por objetivo ser feliz. Meus valores eram a aceitação pelos outros e aparência. Eu não ouvia minha voz interior. Posso dizer que meu despertar veio aos 26 anos, quando, em uma madrugada insone, ouvi pela primeira vez as reflexões do padre Fábio de Melo. Eu tinha 26 anos e me encantei. As palavras dele – "o genuíno amor não tem máscaras" – entraram tão fundo no meu coração que me reconectei com o divino e comigo mesma. Quando finalmente tomei coragem e olhei para dentro de mim, me dei conta de aspectos da minha personalidade que não me agradavam, ainda em um nível muito difuso. Procurei uma terapia e compreendi que não amava meu marido como homem, mas sim como pai. Tive um ano de muito sofrimento até decidir me separar, com 29 anos.

Começou então uma nova jornada que, resumidamente, fez de mim a mulher que sou hoje.

Nunca tinha sido fã de ninguém na minha vida até conhecer os ensinamentos de padre Fábio. Hoje compreendo que, na verdade, padre Fábio foi um espelho: eu via nele tudo que queria para a minha vida. Viver uma fé serena, plena de alegria. As palavras dele me fizeram entrar em contato com algo sagrado em mim. Naquele período de despertar espiritual, fiz meu primeiro curso de desenvolvimento humano. Em uma das dinâmicas, eu tinha que responder à pergunta: "O que você gostaria de fazer se tivesse apenas poucos meses de vida pela frente?" Esse questionamento me fez olhar para a minha essência e foi o ponto de mudança para a nova vida que construí para mim.

É por isso que recomendo a você agora que faça uma "lista de desejos". Escreva cinco coisas que gostaria de realizar antes de morrer. Tenho certeza de que, se você ouvir verdadeiramente o seu coração, essa lista terá situações muito simples: mais horas com as pessoas queridas, aproximar-se da natureza, etc. Você descobrirá muitas outras coisas que, pela correria do dia a dia, trancafiou em um armário que nem tem ido mais visitar. Pois abra-o! E prepare-se para as boas surpresas à espera de quem vive a vida como sempre sonhou.

PARA FORTALECER O SEU ESPÍRITO

25. Desenvolva a sua inteligência espiritual

"Procure o porquê, faça conexões, assuma responsabilidades, seja honesto, corajoso, e examine as numerosas possibilidades, comprometendo-se com um caminho e permanecendo consciente de que são muitos os caminhos." (Dana Zohar)

A inteligência espiritual é uma terceira inteligência que coloca nossas atitudes em um cenário mais amplo de significado e valor. Ela nos impulsiona porque está ligada à necessidade humana de ter um propósito de vida. Vivemos em uma era na qual o ponto de Deus no cérebro está cada vez mais desenvolvido. Trata-se de uma área nos lobos temporais que nos faz buscar sentido e valores para nossa vida – portanto, relaciona-se com a experiência espiritual. Quanto mais desenvolvemos essa região cerebral, mais tomamos decisões pautadas no propósito que nos move pela vida.

Sabemos que tudo que influencia a inteligência passa pelo cérebro e seus prolongamentos neurais. Segundo a filósofa americana Dana Zohar, em seu livro *Inteligência espiritual*:

> Um tipo de organização neural permite ao homem realizar um pensamento racional, lógico. Dá a ele seu QI, ou inteligência intelectual. Outro tipo permite realizar o pensamento associativo afetado por hábitos, reconhecedor de pa-

drões, emotivo. É o responsável pelo QE, ou inteligência emocional. Um terceiro tipo permite o pensamento criativo, capaz de *insights*, formulador e revogador de regras. É o pensamento com que se formulam e se transformam os tipos anteriores de pensamento. Esse tipo lhe dá o QS, ou inteligência espiritual.

Quando desenvolvemos essa inteligência espiritual, passamos a nos conhecer melhor e nos tornamos capazes de olhar para o conjunto da vida sem buscar respostas absolutas. Somos preenchidos pela sensação de fazer parte de um plano maior e nos aproximamos dos valores que dão sentido a nossa existência. Desde que comecei a me conectar com minha inteligência espiritual, passei a escrever mais. Mesmo sem saber como e quando iria publicar meus livros, intuía que poderia contribuir para a evolução dos meus leitores.

Sabia que seguir a minha missão pessoal faria com que eu encontrasse mais propósito em minha existência. Foi por isso que comecei a colocar minhas ideias no papel.

Quando seguimos nossa intuição e nos conectamos com a inteligência espiritual, nos concentramos na missão maior e deixamos de lado a preocupação com o lucro financeiro. Somos guiados pelo poder supremo e, naturalmente, nos conectamos à abundância.

Desde que abri esse filtro, roguei por mais percepção ao universo e saí do piloto automático, meus dias ganharam outra perspectiva. Aprendi a compreender o que fazer nos momentos em que não tinha uma resposta da inteligência racional e passei a ter mais felicidade.

Meu ponto de virada aconteceu quando eu tinha 35 anos. Veio de uma pergunta aparentemente simples formulada por uma senhora que conheci de passagem.

Naquela época, eu já tinha feito muitos cursos para restaurar meu equilíbrio e tudo vinha se ajeitando. Tudo mesmo. Ou pelo menos era o que eu achava.

Eu estava satisfeita comigo como mãe.
Eu estava satisfeita comigo como esposa.
Eu estava satisfeita comigo como líder.
Eu estava satisfeita comigo como amiga.
Eu estava satisfeita comigo como filha.

E mesmo assim eu tinha um problema. Vou contar como descobri! Foi durante um treinamento de Programação Neurolinguística (PNL). Certo dia, depois de me ouvir, aquela senhora, minha companheira de estudos, fez a pergunta crucial:

"Andreza, você não sonha mais?"

Pensei um pouco antes de responder.

"Já realizei tudo o que queria", expliquei.

"Então, aí reside a infelicidade dos seus dias", me disse a senhora, de um jeito carinhoso que cativou minha atenção. Ela me explicou que, aos 70 anos, ainda tinha muitos sonhos: desejava aprender a tocar piano, cantar, visitar a Itália e correr a meia maratona do Rio de Janeiro. Meus olhos se encheram de lágrimas e naquele instante me conectei com a inteligência espiritual. Percebi como eu estava longe da espiritualidade. O que me faria feliz, eu soube naquele momento, não seria simplesmente realizar sonhos, mas sim conectar meus pensamentos, sentimentos e ações ao propósito deles. Até então, apenas atribuía significados rasos ao que me acontecia, sem questionar o que havia além. Eu estava cuidando de todos, menos de mim e da minha espiritualidade.

Acredito hoje que nunca paramos de sonhar. Porém, centrada no meu mundo e nos meus problemas, eu tinha parado de ouvir os meus sonhos, porque acreditava que, tendo *chegado lá*, não havia mais para onde caminhar. Não conseguia fazer conexões mais fortes, porque tinha aprendido que o "lá" dizia respeito às coisas terrenas, como uma boa casa, um bom emprego e uma família. Precisava enxergar o que verdadeiramente importava diante de tudo isso que tinha realizado. O que estaria fora do lugar, se chegar *lá* não tinha me dado alegria?

Compreendi que o *lá* não faz sentido e se torna vazio se você não tiver clareza sobre o *que verdadeiramente importa* e *por que você faz o que faz*.

Aquela pergunta reacendeu a chama da minha inteligência espiritual. Nunca mais a esqueci. Depois dela, vivi uma fase intensa de expansão de consciência: hoje sei que nunca consigo enxergar tudo de uma situação ou pessoa, e busco ampliar a minha percepção para me conectar também com aquilo que ainda não enxergo, mas que existe, que é a inteligência espiritual. Mal comparando, é como a língua japonesa: eu não a compreendo, mas nem por isso ela não existe – eu é que não sei entendê-la.

Hoje, sempre que encontro desafios, aciono minha inteligência espiritual e me conecto com esse poder adormecido que me liga aos meus valores e traz um sentido àquilo que penso, faço e desejo. Sei que minha missão está relacionada a aumentar a frequência vibracional daqueles que me cercam e me leem, aproximando-os do amor.

26. Confie na inteligência superior

"A mente universal coreografa todas as coisas que estão acontecendo em bilhões de galáxias com precisão e inteligência infalíveis. Essa inteligência é o máximo. (...) Permeia cada fibra da existência: da menor à maior, do átomo ao cosmos. Tudo o que está vivo é a expressão da inteligência superior. E essa inteligência opera através das sete leis espirituais." (Deepak Chopra)

Muitas pessoas dizem que acreditam em Deus, mas na hora dos desafios se desesperam. Eu já fui assim. Acreditava, mas quando o sapato apertava, questionava se tinha mesmo alguém lá em cima olhando por mim.

Pode chamar de Deus, de inteligência superior ou Universo. Seja qual for sua crença, é difícil não pensar que existe algo por trás de todos os acontecimentos da nossa vida, mesmo os mais rotineiros.

Hoje sei que uma das atitudes mais poderosas do meu dia a dia é a fé nessa inteligência maior. Simplesmente confio e sei que coincidências não existem em um universo que tem como fonte uma força energética invisível. Essa força continuamente cria e proporciona uma provisão infinita a todos que queiram se abastecer dela.

Quando elevamos nossa frequência vibracional por meio do pensamento e da conexão com todas as coisas, vivas ou não, estamos em contato com essa fonte criadora. Observamos que tudo é perfeito quando está em alinhamento divino.

Por isso, mesmo quando algo não ocorre da maneira como espero, eu agradeço, porque sei que há uma lição ali para mim.

TODO SANTO DIA

Há pouco tempo, adotamos um cachorrinho. Minhas filhas estavam entusiasmadas, pois queriam um companheiro havia muito tempo. Não sabíamos, porém o animal chegou gravemente doente. Quando descobrimos, tentamos salvá-lo, mas ele não sobreviveu.

Apesar do sofrimento, tentamos entender o que poderíamos aprender com aquele momento. Percebemos que, naqueles poucos dias, o bichinho tinha mostrado às minhas filhas o que era amor incondicional, carinho desinteressado. Aquele episódio nos mostrou que podemos perder algo ou alguém e conservar a alegria interna, respeitando o tempo de cada um.

Mesmo com a pouca idade (as meninas tinham seis e sete anos na época), elas conseguiram dar um significado adequado ao ocorrido. Naquele momento, eu as ajudei a entender que deveriam ser gratas pela oportunidade de passar momentos tão especiais ao lado do filhote. Mesmo que esses momentos tenham sido breves.

Quando estamos receptivos aos aprendizados que a vida nos oferece, mesmo diante do sofrimento conseguimos acolher e entender a dor e transmutá-la. Passamos a confiar no poder que nos criou e paramos de reclamar. Quase sempre nos conectamos àquilo que nos falta; na verdade, o universo se abre diante de nós quando somos gratos pelo que temos agora. É possível agradecer pelos momentos ruins e obstáculos; desenvolver a habilidade de ver bênçãos até mesmo quando adoecemos, porque é uma oportunidade de valorizar o que realmente importa.

A atitude de conectar com essa inteligência infinita torna-nos aptos a comungar com o todo e entender que devemos nos manter em um estado de reverente gratidão, pois ela abre caminhos para que o bem aconteça nas nossas vidas. A loucura do dia a dia muitas vezes dificulta uma relação mais profunda com a espiritualidade. Experimente começar essa amizade. Feche os olhos e dialogue, silenciosamente, com a inteligência maior. Fale de seus medos, desejos e sonhos. Deixe fluir sons, pensamentos e sentimentos. Pode ser que você consiga trazer a espiritualidade para ser sua melhor amiga do dia para a noite, como acontece quando nos apresentam uma pessoa e temos a sensação de que a conhecemos há anos. Significa que você já tinha uma relação profunda com a espiritualidade, apenas estava adormecida em alguma parte do seu ser. Mas pode ser que esse relacionamento precise ser construído dia após dia. Seja lá qual for o seu grau de intimidade com a inteligência superior, o mais importante é a consistência e se permitir navegar por esses mares.

Acredite na inteligência infinita e você não se sentirá desamparado, simplesmente perceberá que os acontecimentos sempre lhe favorecerão.

Ajuste sua sintonia para o bem, acredite nos milagres que a existência preparou para você e não permita que seu bem-estar seja condicionado por fatores externos. Busque inspiração nas coisas simples da vida e veja os dias como milagres.

Se você se portar dessa forma, seu nível de energia será excepcionalmente alto e sua harmonia espiritual atrairá consequências positivas para sua vida. Confie, um dia tudo vai fazer sentido para você.

27. Dê um banho de luz na sua casa

"Recuso-me a aceitar qualquer sugestão de qualquer fonte negativa, mereço somente o bem, e só a boa vontade chega a mim. Tenho comigo a proteção do meu Eu superior em todos os momentos e ela me envolve com um manto de luz. Não temo mal algum. Nada que não seja bom pode tocar minha vida. Permaneço sereno, seguro e tranquilo no pleno conhecimento de que sou protegido em todos os momentos, dia e noite." (mantra havaiano)

Muita gente acha que banho de luz é chamar um padre, um pastor ou queimar um incenso pela casa. Não se trata disso. Banho de luz é você quem dá por meio das suas atitudes, do momento em que acorda à hora de dormir, com seus pensamentos e sentimentos. Não adianta chamar uma benzedeira se no dia a dia todos brigam com todos, se exaltam e aprisionam-se mutuamente em emoções negativas.

Dou banhos de luz na minha casa fechando os olhos e evocando as presenças luminosas daqueles que amo, quer estejam por aqui, quer já tenham partido. Meu pai e minha mãe, meus avós e meus irmãos. Imagino que estão atrás de mim, me amparando e me dando força e poder para enfrentar os desafios daquele dia. Se vou à praia ou entro em uma cachoeira, penso naquela energia boa inundando os cômodos da minha casa. Também invoco Jesus e Maria, assim como os guardiões de luz. Digo a mim mesma: "Tudo de que preciso está dentro de mim agora. Tudo posso em mim e naqueles que me fortalecem. Tenho todo o poder de que preciso e força para superar qualquer dificuldade. O mal sairá pela mesma porta pela qual entrou".

Espero ter inspirado você a criar o seu banho de luz, aquele que transformará sua casa no santuário que ela deve ser.

28. Envie rajadas de amor antes de sair de casa

"Em si, a vida é neutra. Nós a fazemos bela, nós a fazemos feia, a vida é a energia que trazemos para ela." (Osho)

Certa vez, ouvindo um áudio da escritora Louise Hay, me emocionei muito com uma visualização que ela propunha: deveríamos enviar amor a todos os lugares pelos quais fôssemos passar. Tive uma ideia: e se eu imaginasse fogos de artifício em formato de coração espocando ao longo do meu trajeto, *todo santo dia*?

Pensei nos fogos porque eles, em geral, anunciam acontecimentos especiais. É assim que eu gostaria que se sentissem todas as pessoas que passassem pelo meu dia: especiais. Quero que saibam que estou em festa pelo simples fato de fazerem parte da minha vida, pois cada uma delas, à sua maneira, contribui para o meu dia ser melhor – da professora da escola ao atendente do mercado, meus clientes e funcionários, meus amigos e os conhecidos que cumprimento ao passar. Todos me ajudam diariamente a construir a Andreza em que estou me transformando.

Aos poucos, comecei a perceber que essa conexão prévia abria caminhos para que o bem acontecesse mais e mais na minha vida. Era a professora que eu encontrava na hora mais inusitada do dia e dizia algo que eu precisava saber; uma ligação que recebia de alguém que não via fazia muito tempo; uma maneira diferente de ser tratada que me revelava algo importante. Observei que durante muito tempo, inconscientemente, estive fechada para a vida, não porque eu quisesse, mas porque não tinha ideia que isso acontecia.

Desde então, escolho iniciar o meu dia com esses fogos que iluminam não só a minha vida, mas também as dos que me cercam.

Faço isso onde quer que eu vá; tornou-se automático para o meu cérebro. Antes de sair de casa ou dentro do carro, já vou imaginando fogos de artifício de amor iluminando todos os lugares por onde passarei – a academia, o cartório, o colégio das meninas, o supermercado. Às vezes eles me antecedem!

Com o tempo, ensinei as minhas filhas a fazer isso também. No carro, convido-as a enviar essa energia de amor em forma de coração para a escola e todos que lá estiverem presentes.

Quando vibramos amor, tudo passa a dar certo na nossa vida. Ela fica mais leve, os relacionamentos fluem e tudo parece conspirar a nosso favor.

Intenção é energia que não tem restrição de tempo nem de espaço.

29. Reconheça sua casa como sendo seu templo sagrado

"Não chegamos a conhecer as pessoas quando elas vêm à nossa casa, devemos ir à casa delas para ver como são." (Goethe)

Sua casa é seu templo e, assim como seu corpo, precisa de cuidados. Isso porque a energia do espaço, seja boa, seja ruim, contagia quem nele vive.

Você já deve ter experimentado a sensação de entrar em um lugar e sentir-se mal imediatamente, com dor de cabeça ou algum desconforto. Há uma energia ruim ali.

Às vezes, nossa casa está assim. Como nós, o ambiente sempre precisa de "tratamento".

A Organização Mundial de Saúde (OMS) já reconhece a chamada síndrome do edifício enfermo, condição médica em que as pessoas adoecem sem causa aparente e os sintomas se agravam com a permanência em certo ambiente. O problema é especialmente preocupante nos centros urbanos, onde muita gente passa muito tempo em ambientes fechados. Por isso, escolhi fazer uma casa com portas de vidro que se abrem para um jardim. Em um ambiente integrado, as energias interna e externa se harmonizam facilmente. Logo que me mudei para o interior de São Paulo, tive também a ideia de construir uma pequena capela dentro de casa. Todos os dias, quando acordo e antes de dormir, faço minhas orações ali.

Você já ouviu falar em geobiologia? É a medicina do habitat, ou seja, o ramo da biologia que estuda a interação entre a terra (geo) e a vida (bio). Segundo essa ciência, sintomas que você apresenta de forma recorrente podem sinalizar que sua casa seja uma zona "doente". Talvez esteja contaminada por agentes químicos, como tinta e verniz, ou pela proliferação de micro-organismos em aparelhos de ar-condicionado, carpetes, banheiros e telhados, além de radiações eletromagnéticas geradas por computadores, micro-ondas, celulares e telefones. Nos ambientes doentes, o fluxo de energia está obstruído, estagnado ou poluído, afetando quem vive neles.

O padrão vibratório de uma casa tem relação direta com a energia e o estado de espírito de seus moradores, ou seja, tudo o que pensamos, fazemos e sentimos acaba se manifestando em forma de energia.

Todas as manhãs, antes de sair de casa, minha família e eu damos as mãos e fazemos uma oração. A sensação que tenho é que nós, que fazemos parte da casa, construímos juntos um ventre iluminado. É nesse espaço que me sinto segura, protegida e amparada. É aqui que tenho o alimento não só para o corpo, mas também para a alma; o cordão que me liga à criação me abastece de tudo aquilo que preciso e me revela o que necessito saber. É aqui que desfruto dos momentos mais sagrados da minha vida, com meu marido e minhas duas filhas. É onde me restabeleço após momentos de dor e me conecto com a energia do significado e do propósito.

Já cheguei a morar em um apartamento do qual eu vivia querendo fugir. Sempre arrumava desculpas para não ficar em casa. Por isso recomendo: perceba como está o seu "ventre" sagrado. Que tipo de alimento você tem oferecido a ele? Como são as energias que circulam internamente? Como esses elementos afetam a sua saúde e a sua relação com o seu "ventre"? Esse "ventre" pode ser iluminado ou escuro, dependendo do padrão energético das pessoas que moram na casa.

Sinto que construí um "ventre" iluminado e sou beneficiada por ele. Isso não impede que, de vez em quando, haja vibrações negativas. Por isso, comprometa-se *todo santo dia* com a atitude poderosa de cuidar da saúde energética da sua casa. Tome a iniciativa básica e vital de impregnar a atmosfera com bons pensamentos e muita fé. Evite brigas e tome cuidado com seu tom de voz e suas palavras. Além disso, selecione as pessoas que frequentarão o seu lar. Caso guarde mágoas profundas de alguém, procure trabalhar os sentimentos ruins com orações e profetize que aquela pessoa terá uma vida cada vez mais próspera e alegre. Quando tiver purificado seus sentimentos, convide-a novamente à sua casa. Se você cuida habitualmente da limpeza da sua casa, coloque amor no que faz. Se tem uma funcionária, trate-a com respeito e admiração. Pense em quanto ela contribui para a harmonização do seu ambiente.

Pouco a pouco, você sentirá a energia positiva em cada cômodo, em cada cantinho.

30. Tenha um papo reto com Deus

"A oração de uma mãe arrebenta as portas do céu."
(Chico Xavier)

Desde pequena minha mãe nos ensinou o poder da oração. Sempre que eu tinha um pedido ou problema, corria para os braços de Deus e levantava um clamor.

Conforme eu crescia, minhas crenças se transformaram. Começo agradecendo por tudo o que já recebi e abro as portas do meu coração para que Ele me mostre aquilo que não consigo ver por causa dos véus da ilusão. Saio da zona da reclamação para a da sabedoria.

Acredito que todos deveríamos ter esse papo reto com Deus diariamente. Confessar o que pretendemos, até mesmo nossos planos mais secretos; expor nossas dúvidas, agradecer pela ajuda e, sobretudo, por tudo o que temos. Meu lema é: "Orai com atitude!"

Papo reto é sem rodeios. Dispensa palavras bonitas e horário fixo. Não precisa se ajoelhar nem abaixar a cabeça (embora eu adote essas posturas porque, naquele momento, meu corpo revela que estou entregue à escuta ativa e sou humilde para ouvir o que Ele tem para me revelar). Não exige orações decoradas. Não é preciso gritar para se fazer ouvir nem se estender no tempo; o que reverberará no universo é a qualidade da entrega e não as horas em que se permaneceu em prece. No papo reto, é possível mostrar-se frágil, sem máscaras; não há ninguém avaliando o seu desempenho. É esplêndido sentir-se assim, sem medo de julgamentos.

Para abrir a perspectiva, faço assim: coloco uma cadeira na minha frente e peço a Deus que se sente ali. Então, digo o que tenho para falar – abro o coração, não é hora de rezar pai-nosso, não. Em seguida, mudo de lugar e me sento na cadeira onde Deus "esteve"; então, reflito sobre o que ele me diria, buscando os conselhos que mereço/ preciso ouvir naquele momento. O simples fato de mudar a cadeira já me traz novas formas de me ver e me posicionar diante de cada dilema.

Uma conversa direta é uma prova da sua sinceridade, de que seu coração está pronto para a verdade, seja ela qual for. Mesmo que não obtenha uma resposta imediata para as suas angústias, pode ter certeza: quando colocar a intenção, receberá um sinal e ela virá mais cedo ou mais tarde. Orar é uma atitude poderosa que qualquer pessoa, independentemente de religião, pode ter. Não é preciso estar diante de um guru, em um templo ou em uma igreja. Basta estabelecer uma conexão direta e abrir-se para a verdade.

Diga em voz alta seus medos e suas aflições. Verbalize sua necessidade. Comece sempre agradecendo pelo que tem, para se conectar com essa fonte suprema de amor que não nos abandona jamais.

Você já teve a sensação de conversar assim com Deus? De sentir um abraço gostoso, um olhar reconfortante e uma voz que diz "vai dar tudo certo, estou com você"? É desse sentimento que falo. Experimente ir para um lugar onde possa ficar sozinho, fechar os olhos e começar um bate-papo profundo e verdadeiro com uma pessoa especial para você, em cuja companhia se sente seguro e em paz. Conecte-se com essa pessoa e sinta-se envolvido pelo seu amor. Quando perceber em cada membrana do seu corpo esse sentimento, veja aquela pessoa dando lugar a um ser de muita luz, que você vai visualizar do seu jeito e que será Deus, ou como queira chamar. Nesse instante, sua alma vai experimentar uma conexão profunda e saberá que chegou a hora de ter o papo reto com o Criador.

31. Ore e faça as perguntas certas

"Não estejais inquietos por coisa alguma: antes as vossas petições sejam em tudo conhecidas diante de Deus pela oração e súplicas, com ação de graças." (Filipenses, 4:6)

Quando converso com Deus, não estou buscando respostas, mas principalmente inspiração para fazer as melhores perguntas. Compreendi que são elas que me levarão aos melhores caminhos.

Se pergunto algo do tipo: "Por que, meu Deus, as coisas sempre dão errado para mim?", me coloco como vítima e começo a flertar com o insucesso. É completamente diferente de perguntar: "Meu Deus, como posso trazer pessoas e acontecimentos melhores para minha vida?" Aqui receberei respostas que me aproximam do que desejo. Determinadas estradas não são fáceis de percorrer e muitas vezes dá vontade de jogar a toalha. No entanto, por mais que o corpo deseje cair, eu pego a toalha, molhada mesmo, e me enxugo com ela.

Dialogo com a espiritualidade o tempo inteiro, praticamente. Tudo o que me acontece, de bom e de ruim, guarda uma revelação; preciso apenas me abrir para sentir o que preciso compreender e me posicionar. A compreensão é o primeiro passo, mas de nada adianta entender e não agir. Conheço muita gente que trava aqui, acreditando que apenas grandes ações vão resolver. Minha experiência me ensinou o contrário: grandes mudanças são o resultado de pequenas mudanças diárias e corriqueiras que, somadas, produzem uma *big* transformação.

TODO SANTO DIA

A oração não é apenas um fluxo de palavras que sai da nossa boca. É um sentir/agir direcionado por uma força maior que envolve sua alma na certeza de que tudo vai dar certo e, se ainda não deu, é porque não chegou ao fim.

32. Esteja aberto às mensagens que Deus manda para você

"Preste atenção nos sinais, não deixe que as loucuras do dia a dia o deixem cego." (Carlos Drummond de Andrade)

Estar aberto é estar descoberto, vulnerável, poroso. É olhar com curiosidade as infinitas possibilidades que a vida nos oferece e eventualmente entregar-se a elas. Quando focamos nosso desejo em apenas um elemento, fechamos os olhos a outros. Assim também é com as mensagens que Deus nos envia diariamente. Se seu filtro estiver "fechado", você não irá perceber.

Quando eu era pequena, no Recife, pedia sinais para as ondas do mar. Procurava-os nos para-choques de caminhões e nas pedras do caminho. Hoje sei que eles podem vir pela oração diária, por um amigo que diz algo que toca a sua alma, durante uma leitura ou por meio de um sinal do seu corpo. Nosso corpo tem uma inteligência divina e a cada instante nos revela algo; precisamos silenciar e perguntar o que aquela dor quer nos mostrar, sem julgamentos, apenas abrindo nosso filtro para escutar e observar se faz sentido ou não.

Existem terapeutas que trabalham captando os sinais do corpo. Já vivi experiências incríveis. Em certa ocasião, durante uma massagem bioenergética, o profissional que me tocava observou que a dor no alto das minhas costas, na região das escápulas, me "impedia de voar" (ele não sabia, mas naquele momento eu estava diante de uma decisão grande e libertadora). O mesmo terapeuta massageou meu braço direito e sentiu a energia estagnada ali, naquele membro de onde partia a execução de uma boa parcela do meu trabalho. "Sinto autocobrança e desejo de perfeição", alertou-me ele, que pouco me conhecia, mas ouviu a mensagem do meu corpo. Há terapeutas corporais que nos ajudam a identificar cicatrizes que precisam ser compreendidas, perdoadas e deixadas no passado, como aprendizagem.

Quando recebo uma nova mensagem, apenas escuto, como uma criança que pega pela primeira vez um brinquedo nas mãos. Não sei as regras e normas, logo estou aberta para o novo e para experimentar, aceitando que posso gostar ou não. E de um jeito ou de outro, está tudo bem. Meu coração me dirá se aquela mensagem era verdadeira ou não, e, se for, meus olhos se encherão de lágrimas de alegria e gratidão.

33. Envie energias de cura

"Ao contrário do que lhe dizem, você não é um ser material limitado." (Amit Goswami)

Enviar boas intenções e bons pensamentos quando alguém precisa de ajuda física, emocional, espiritual ou mental é mais importante do que imaginamos. Como no universo tudo é energia, nossos pensamentos e intenções influenciam a matéria.

Vários estudos comprovam a eficácia da cura a distância. A física quântica explica que nosso pensamento consegue modificar realidades, e enviar a energia do amor intencionalmente para algum lugar faz com que todo um ciclo potente influencie a matéria. As intenções de cura, como o amor, podem criar mudanças positivas em outras pessoas também, independentemente da distância.

Existe uma conexão entre a energia, os pensamentos que emitimos e o mundo da matéria a nossa volta. Toda matéria é feita de átomos, e cada átomo tem um núcleo que contém prótons e nêutrons, ao redor do qual orbitam os elétrons. Esses podem ser levados a assumir órbitas mais elevadas pelo acréscimo de energia ou podem perdê-la quando caem para uma órbita mais baixa, aproximando-se do núcleo. Em termos de energia, se estiverem alinhados, os átomos criam uma força motora que pode ser magnetizada. A criação de polos positivos (+) e negativos (-) é um fato da natureza.

Cada sentimento tem uma vibração própria, um nível de frequência. Para você elevar a sua, primeiramente precisa identificar em qual nível se encontra hoje.

TODO SANTO DIA

Seu campo energético está em sintonia com o quê? Você é grato por ser quem é? Ama a vida que tem? Você mantém o equilíbrio emocional na maior parte do seu dia ou vive estressado, aborrecido e com raiva? Apenas observe se você tem vibrado no amor e na gratidão ou no medo e no estresse.

Após entender o nível de consciência humana que sua frequência tem sintonizado mais, é possível alterá-la por meio de três passos: observação, aceitação e estado de presença.

O estado físico do seu corpo diz muito sobre o que você pensa. Para alcançar essa melhor frequência é necessário vigiar seus pensamentos, evitando as armadilhas da consciência negativa. Seu corpo, assim como o universo que habitamos, é constituído por ondas e partículas de energia. Para atrair uma vibração alinhada e elevada precisamos atingir uma frequência superior.

Em 1993, um grupo de pesquisadores ligados à Universidade Maharishi, no Estado de Iowa, nos Estados Unidos, testou o poder da meditação no combate à violência dos grandes centros urbanos. Quando se alcançou a marca de 2.500 pessoas meditando em Washington, também nos Estados Unidos, houve uma queda expressiva na criminalidade local, mesmo considerando-se fatores como condições climáticas e finais de semana.

Permita-se estar alinhado à frequência do amor e obter alegria para a sua vida. Imagine que seus pensamentos são música que sai de um rádio. Mesmo que estejamos longe do aparelho e não consigamos ouvi-la, ela continua tocando.

Precisamos simplesmente acreditar e enviar amor.

34. Abençoe seus alimentos

"Jesus mandou que as multidões se sentassem na grama. Depois pegou os cinco pães e os dois peixes, ergueu os olhos para o céu, pronunciou a bênção, partiu os pães e os deu aos discípulos, e estes os distribuíram às multidões." (Mateus, 14:19)

Agradecer antes de comer se tornou mais do que uma atitude poderosa: virou um ritual que adotei e mudou a minha forma de me alimentar. Quando abençoo a comida, observo o que entrará no meu corpo pela boca e entro em estado de presença; logo, como menos e mais devagar. Somos energia, e acredito que, quando trazemos a força do amor para uma refeição, imantamos com moléculas de luz aquilo que iremos comer.

Não fui sempre assim. Pelo contrário: eu colocava a comida no prato e me apressava em dar a primeira garfada, como se o alimento pudesse desaparecer a qualquer momento. Quando eu era pequena, meus irmãos me chamavam de "boca de bacurau", por ser gulosa e apressada; não me conectava com o alimento que estava no prato nem conseguia sentir o sabor e a textura: apenas queria matar a minha fome. Para ser sincera, sempre me orgulhei de engolir tudo rápido e até debochava de quem comia devagar.

Depois que comecei a praticar o *mindfulness* e estudar o desenvolvimento humano, fiquei mais atenta. Certa vez, almoçando com um amigo, Gerônimo Theml, percebi que, antes de se alimentar, ele rezava por um tempo. Então, mastigava vagarosamente, apreciando a comida, como se fosse a última refeição. Aquilo tocou meu coração de tal maneira que, de lá para cá, passei a abençoar o alimento em todas as refeições que faço. Agradeço pelo que vou comer e àqueles que prepararam a refeição. Oro pelos que estão à mesa compartilhando aquele alimento comigo. Conecto-me com o estado de presença e, maravilhosamente, desligo o perigoso piloto automático que me incitaria a comer correndo por pensar que teria muito o que fazer na sequência.

Sejamos gratos pelo que comemos. Essa atitude nos faz reconhecer o potencial energético do que pode nos nutrir em todos os níveis.

35. Conecte-se espiritualmente com seu parceiro

"O amor nos mostra como superar todos os nossos problemas, nos apoiando e alimentando ao apontar o caminho da felicidade." (Somananda)

Na hora do amor, a conexão, para mim, também precisa ser espiritual.

Nem sempre foi assim. Durante boa parte da minha vida, eu nem sabia que poderia estender para o sexo a expansão de consciência que já vinha praticando em outras áreas da vida. Imaginava que o sexo era uma ligação de amor sobretudo física, cujo objetivo é o orgasmo.

Hoje vejo diferente. O sexo ganhou outra dimensão porque sou um ser espiritual vivendo uma experiência terrena. O prazer também acontece mais em um nível mais profundo: não se trata somente de mim, mas também do outro e da nossa evolução. Nossa conexão se tornou mais potente porque vivemos juntos essa imensidão; se somos capazes de dar origem a um ser, também podemos criar vidas dentro e fora de nós.

Certa vez, durante uma formação sobre ativismo quântico, o professor Amit Goswami mencionou que, na relação sexual, a energia está muito concentrada no chacra raiz (base). Segundo ele, isso explicaria por que o homem sente mais intensamente essa energia do que a mulher. Nós, por nossa própria natureza, em geral nos conectamos mais facilmente com o chacra do coração e levamos essa energia do chacra base para o cardíaco. Naquele momento, me dei conta de que podemos navegar por dimensões ainda mais maravilhosas nesse mar carnal.

Fazemos sexo por instinto, sem conhecimento profundo e sem saber que podemos ser beneficiados com uma enorme energia de cura e libertação, mas também aprisionados por um enorme vazio.

A energia que existe em nós é fonte vital de força. Para nos conectarmos a ela é preciso escolher com quem e como vamos utilizá-la. Se decidirmos apenas pelo prazer, é isso que teremos, e sabemos que é fugaz. Se desejarmos transcender para outros oceanos de vibrações mais elevadas, também será possível. Tudo é uma questão de escolha.

Hoje, no sexo, desfruto da dimensão carnal, mas também aproveito a conexão espiritual. Depois que acontece o nirvana *sexespiritual*, chega a hora de aproveitar a ligação *wi-fi* de última geração e elevar meu espírito. Fecho os olhos, respiro profundamente e sinto o amor. Agradeço por aquele momento e acaricio a região do chacra cardíaco do meu parceiro, em silêncio. E aquele silêncio fala mais do que mil palavras.

PARA TRAZER ALEGRIA AO RELACIONAMENTO AMOROSO

> **36. Sonhe junto com o parceiro**

"Sonho que se sonha só é só um sonho. Sonho que se sonha junto é realidade." (Raul Seixas)

Certa vez, eu estava confusa sobre continuar no meu primeiro casamento ou começar uma vida nova. Em uma sessão de terapia, o psicólogo me fez uma pergunta decisiva:

"Você e seu marido têm sonhos em comum?"

Outras questões se sucederam: "Vocês moram juntos? Têm filhos juntos? O que construíram juntos?"

E a resposta a todas as perguntas, que nem precisei dar em voz alta, era: não. Nada. Ele tinha planos de abrir uma empresa; eu estava em uma fase de grande angústia, procurando sentido para a vida, me questionando sobre meus reais sentimentos. Não fazíamos planos em comum. Não pensávamos em construir uma casa, viajar, ter filhos. Naquela sessão, o terapeuta e eu falamos sobre o que aportava solidez a um relacionamento: sonhos construídos a dois.

Aquele casamento de fato terminou algum tempo depois, no que foi uma das decisões mais difíceis da minha vida; eu tinha quase 30 anos, e estávamos juntos desde os 15. Levei o ensinamento para minha nova união. Nela, juntos, Tiago, meu segundo marido, e eu criamos uma família que muito me orgulha, erguemos uma casa, fundamos um negócio e compartilhamos um dia a dia de responsabilidades, afazeres e amor.

TODO SANTO DIA

A maioria das pessoas pensa nos sonhos como eventos grandiosos que se cumprem de vez em quando, mas a verdade é que a vida se faz com pequenos sonhos realizados diariamente.

Tenho os meus sonhos e sei que você tem os seus. E é preciso que haja os sonhos a dois. Eles são a base da relação.

Sonhar a dois é como estar com ele ou ela, com o seu amor, em um vagão de trem, indo para o mesmo destino. Se não for assim, o casal corre o risco de o trem parar e um dos dois ter que descer sem o outro, porque, afinal, pretendiam chegar a lugares diferentes.

Como seria se todos os dias você tivesse sonhos para realizar? Como sonharia viver os seus dias?

37. Celebre a colheita do outro

"A alegria está na luta, na tentativa, no sofrimento envolvido, e não na vitória propriamente dita." (Mahatma Gandhi)

Há alguns anos, conheci um casal em um curso de desenvolvimento humano. Em uma dinâmica sobre momentos tristes e felizes, o marido contou que já tomava antidepressivos fazia um ano; os remédios o ajudavam a lidar com o impasse entre abandonar o emprego confortável e arriscar-se a trabalhar com o que realmente amava. Seus sonhos estavam todos engavetados, confessou ao grupo. Perguntei à esposa se ela apoiava aqueles sonhos, e a resposta foi: "Eu nem sabia que ele pensava nessas coisas!"

Muitos casais vivem assim, sem compartilhar sonhos nem celebrar vitórias. Amigos também. É um erro terrível. Quando você festeja a colheita do outro como se fosse sua, fortalece a conexão entre ambos.

Houve um tempo em minha vida em que eu me preparava loucamente para prestar um concurso público. Não tenho vergonha de dizer (afinal, estamos aqui para evoluir) que eu vivia com uma venda nos olhos: torcia para que meus colegas realizassem seus sonhos, desde que eu conseguisse realizar o meu. Eu até podia me sentir feliz com a colheita do outro, desde que tudo desse certo para mim também.

Trabalhei essa questão na terapia e foi um ponto de inflexão para a mudança que vivenciei na sequência. Hoje sei a importância de celebrar aquilo que está acontecendo na vida de alguém, mesmo que ainda não na sua. Nossa reação vai definir o tempo que demorará até chegar a sua vez.

Desenvolvi internamente uma dinâmica mágica.

Sempre que alguém próximo está muito feliz por algo que conquistou, eu me conecto com aquela alegria e me sinto tomada por sentimentos maravilhosos. Perto de nós sempre tem alguém que alcançou um objetivo - escolha comemorar com essa pessoa. Compreendi que todos somos um e que a conquista do outro é minha também. Esse é o gatilho da transformação que pode começar em mim.

Ainda não se casou? Comece a celebrar aquela pessoa que encontrou um parceiro legal. Ainda não conseguiu ter filhos? Festeje o nascimento mais perto de você! Não ganha o que acha que merece? Comemore com quem está na abundância. Certa vez ouvi uma frase bonita do pastor Deive Leonardo: "Mude seu coração para que possa viver o milagre de não interromper a visita que está prestes a chegar".

Sei que não é fácil. Quando passei no concurso que me permitiu abrir meu cartório, lembro-me de ter recebido uma ligação de uma conhecida. Ela esperava que eu tivesse sido reprovada, como ela, e o desapontamento dessa pessoa com o meu sucesso era claríssimo. Naquele momento, ela precisava de alguém com quem dividir a dor que sentia, não era necessariamente inveja. Coloque-se no lugar do outro e tenha seu olhar mais generoso. Deixe fluir na sua vida a energia da abundância.

38. Reserve um tempo para uma DR poderosa

"O que seu companheiro faz irrita, magoa ou entristece você? Pense em quatro respostas." (David Buss)

DR, "discutir o relacionamento", é como muitos chamam aquele momento em que o casal põe as cartas na mesa e, de maneira honesta e corajosa, expõe fragilidades e busca soluções para momentos difíceis da vida a dois.

Mas eu prefiro chamar de alinhamento e tenho algumas reflexões para que esse momento seja, de fato, transformador para a saúde da relação. DR não é uma prática para *todo santo dia*, mas traz clareza a *todo santo dia*.

Será que o melhor momento para o alinhamento é logo depois que acontece o fato desencadeador? Nossa primeira reação pode ser: "Não tenho inteligência emocional para esperar a poeira baixar". O problema é que, quando você já começa justificando por que não mudará... Bem, aí é que a mudança será difícil, mesmo. Justificativa é paralisia e não se liga à energia da autorresponsabilização. Justificativa é inércia (aliás, uma atitude para a vida é questionar sempre seus comportamentos diante de situações importantes: por que está agindo daquela maneira? Ou até: por que está se omitindo?).

Em geral, os alinhamentos são mais produtivos quando se está em equilíbrio, algo bem desafiador logo depois que vem a decepção. Nesses momentos, nosso filtro está fechado para os bons modos, e podemos falar palavras que nunca usaríamos em sã consciência. O *rapport* e a empatia serão criados quando você conseguir ouvir e ser ouvido.

TODO SANTO DIA

No alinhamento poderoso existe verdade e respeito. Gosto de conversar quando já meditei sobre o que ocorreu, de preferência anotando em um papel tudo o que senti. Esse "processo digestivo" me ajuda a expor o que realmente não me fez bem sem julgamentos, ou seja, sem culpar o outro. Se desejamos mudanças e melhoria da relação, é importante não usar o velho discurso de que "você sempre faz isso ou aquilo", como se a conduta que provocou o ruído fosse, na verdade, a identidade do seu parceiro. Explique como se sentiu e quais foram as consequências. Isso sim será profundo e abrirá possibilidades de reflexão e mudanças. Questione sempre o seu "para quê". Será que você quer apenas extravasar a raiva ou, de fato, melhorar a relação?

Não se coloque na posição de vítima. O alinhamento é uma oportunidade de elevar a relação a um novo patamar.

Atitude poderosa em um casamento é evitar o tom agressivo nessas conversas tão importantes. Quando precisar criticar, fale de modo gentil, sem demonstrar desdém ou desprezo. Se você quer amor, tem que dar amor; se quer paz, tem que adotar mais atitudes pacificadoras.

39. Crie um código de conduta

"O combinado não sai caro." (ditado popular)

A DR, ou alinhamento, como prefiro chamar, é importante para a saúde de qualquer relacionamento, mas, em excesso, pode ser desgastante e tornar o convívio tão áspero que muitos casais desistem de estar juntos.

Há um jeito de evitar que a DR seja frequente: combinando um código de conduta do casal. É algo muito simples – dizer ao outro, expressamente, e até por escrito, o que você espera e o que não tolera na relação. Dessa forma, ninguém ultrapassa os limites ou, caso ultrapasse, sabe que terá que arcar com as consequências.

Ouvi pela primeira vez esse conceito estruturado em um treinamento de T. Harv Eker, no programa *Quantum Leap*. Percebi, naquela ocasião, que em minha relação com meu marido já havia regras muito claras, definidas e acordadas por nós.

Isso é poderosíssimo. Muitos relacionamentos acabam porque as pessoas não sabem como se portar diante de acontecimentos que perturbam a dinâmica. O difícil é saber o que é grave para o outro, já que nem sempre fomos criados com os mesmos conceitos e valores.

O primeiro passo é determinar, com uma conversa franca, o que cada um entende como limite.

Conheço casais que fizeram um código de conduta específico para quando visitavam alguém da família, iam juntos a festas ou estavam diante de crises financeiras.

No meu relacionamento, por exemplo, não tolero a mentira. Para os demais, intolerável é o outro se exceder na bebida, desligar o celular em momentos importantes ou não dar notícias.

Quando estabelecemos esses códigos, temos a noção exata do que pode machucar o outro. Esse é o limite da nossa liberdade. Se moramos juntos, o desafio é ainda maior, já que são duas pessoas completamente diferentes na mesma casa, com maneiras distintas de viver. Faça seu código de conduta e entenda que as regras estabelecidas podem elevar seu relacionamento a um novo patamar de amor e respeito. Essa atitude já salvou muitos casamentos por aí.

40. Faça massagem no seu parceiro

"Massagem é algo que você começa a aprender, mas nunca termina." (Osho)

O relacionamento amoroso é parte essencial da nossa passagem por este plano e deveria ser objeto de reflexão constante. Creio que todos deveríamos nos deter sobre esse ponto da nossa vida, mantendo viva a centelha do amor e da intimidade. A certa altura, refletindo sobre a minha relação com meu marido, percebi que nosso envolvimento ao raiar do dia era pequeno e insatisfatório. Nossos compromissos – arrumar as crianças e não nos atrasar para o trabalho – produziam entre nós um desequilíbrio energético.

Foi quando, em um final de semana tranquilo e inspirado, fiz uma extensa massagem nele logo de manhã. Aquele toque foi tão precioso para meu marido que rendeu comentários felizes a semana inteira. Então pensei: por que não fazer todos os dias? Ora, nós acordamos no mesmo horário, basta colocarmos o despertador para dez minutinhos antes! Foi assim que esse ritual começou. Nossos dias não foram mais os mesmos.

Ele tem sérias dores de coluna, principalmente na região lombar, e passou a sentir-se melhor. Também a nossa disposição e o nosso ânimo para começar o dia melhoraram muito. Para mim, o motivo está claro: nós nos conectamos com quatro grandes energias, de servir e ser servido, de amar e ser amado (já existem estudos mostrando que ficamos mais felizes quando servimos do que quando somos servidos; quando aplico uma massagem, trabalho a energia do servir). Mas há também benefícios físicos comprovados: a massagem terapêutica ajuda a diminuir a pressão arterial, fortalece nossas defesas, combate a insônia e retarda o envelhecimento.

Coloco baixinho uma música tranquila, porém com uma mensagem que fala à nossa alma. Nos sentimos tão mais felizes e conectados que estendi essa prática às minhas filhas: saio do nosso quarto e acordo-as com massagem. Isso aumentou a nossa ligação. Elas despertam com uma demonstração de afeto e sentem o carinho da mãe no primeiro momento do dia.

41. Cultive aquela coisa de pele

"Nietzsche disse que só existe uma pergunta a ser feita quando se pretende casar: continuarei a ter prazer em conversar com esta pessoa daqui a 30 anos?" (Rubem Alves)

Coisa de pele é algo muito mais profundo do que parece. É como um ímã que gruda você ao parceiro. Aquela vontade de estar junto, sabe? Não é só de fazer amor, mas de querer estar perto, desfrutar de mais momentos, conversar, abraçar, beijar, buscar mais intimidade. Se o seu lance de pele está meio apagado, é hora de reacender e se abrir para uma experiência que transcende o carnal.

Para compartilhar esse sentimento é importante você se sentir bem com seu corpo e estimular o parceiro a se sentir bem com o dele. Não estou falando aqui de ter um corpo sarado, mas sim de se sentir bem na máquina preciosa que está "usando". Você pode ser a mulher ou o homem mais gostosão do mundo, mas se estiver com mau humor não vai atrair o parceiro. Porque coisa de pele é mais do que pele, é energia, é vibração em uma conexão de corpo e alma.

Esse sentimento surge quando nos sintonizamos com a energia do cuidado.

Quando vivemos de maneira saudável, nos alimentando bem, fazendo atividade física, dormindo bem e lidando com o estresse sem deixar que ele destrua o nosso bem-estar, o corpo naturalmente se conecta com energias positivas. Quando descuidamos de nós mesmos, não raro o tesão vai embora – tesão pelo outro e principalmente por nós. Nesses momentos, é preciso expandir o olhar e buscar a mudança.

Comece por você. Ao reacender a sua chama, terá fogo para acender a da relação.

Certa vez, fiz uma formação em Constelações Familiares com uma mestra do assunto, Cornelia Bonenkamp. A certa altura, ela me fez uma pergunta que, a princípio, me pareceu fácil de responder: o que vem primeiro, o casamento ou as filhas? As filhas, claro, eu disse. Cornelia então me conduziu por um caminho de expansão da consciência: explicou que, em geral, as pessoas estão mais atentas aos filhos do que ao casamento, pondo em risco a união. Concluiu compartilhando três ensinamentos que tinha escutado de um senhor judeu muito tempo antes:

1. Em primeiro lugar, o casamento. Em segundo, os filhos.

2. Uma vez por semana, o casal deve reservar um tempo para si, mesmo que apenas algumas horas.

3. Antes de dormir, um beijo relembra: são um casal e estão juntos.

Pare um pouco para refletir sobre a sua relação. Caso tenha filhos, pergunte-se honestamente se não está se dedicando demais a eles e relegando seu casamento ao segundo plano. Se a resposta for sim, converse com seu amor sobre como podem criar oportunidades para olhar um para o outro, sem interferências, mesmo que os filhos sejam pequenos. Não se tornem desconhecidos um para o outro.

42. Espalhe fotos de momentos felizes

"Uma boa recordação talvez seja cá na Terra mais autêntica do que a felicidade." (Alfred de Musset)

Quando você contempla uma imagem feliz, que evoca boas recordações, seu cérebro se conecta com sensações agradáveis, convidando você a promover mudanças positivas na sua vida.

Fotos de momentos alegres cumprem esse papel. Atenção: não resolve usar imagens digitais, imprima-as para poder tocá-las e espalhá-las pela casa. Faça assim: selecione cinco fotos suas e peça ao seu companheiro, ou aos seus filhos, que escolham outras tantas. A cada mês, uma pessoa revela as de todos. Sempre que tiverem as fotos nas mãos, vocês perceberão quantos momentos felizes viveram, a dois e em família.

Gosto de eternizar instantes do dia a dia. Que tal tirar uma *selfie* quando acorda em um dia feliz ao lado do seu amor ou quando estão saboreando uma comida boa? Guarde no seu celular, em uma pasta chamada "TSD com meu amor".

Muitas vezes, pensamos que só vale a pena registrar os grandes momentos. Mas a verdade é que eles são raros, o que mais há na nossa vida são as pequenas situações cotidianas. É lógico que pode colocar na pasta também a viagem sensacional, mas o que proponho é expandir a sua consciência para perceber que *momentos felizes acontecem a todo instante*, basta estarmos abertos para apreciá-los.

Se só tiramos fotos nas férias, o perigo é induzir nossa mente a acreditar que só dá para ser feliz nas férias, quando deveríamos estar atentos às alegrias da vida todos os dias. Essa atitude acende uma chama que ilumina tudo e todos à volta. Momentos assim acontecem o tempo todo, apenas precisamos reaprender a apreciá-los e incorporá-los na nossa galeria de lembranças felizes.

43. Faça um diário do amor

"De tudo ao meu amor serei atento/Antes, e com tal zelo, e sempre, e tanto/Que mesmo em face do maior encanto/ Dele se encante mais meu pensamento./Quero vivê-lo em cada vão momento/E em seu louvor hei de espalhar meu canto/E rir meu riso e derramar meu pranto/Ao seu pesar ou seu contentamento." (Vinicius de Moraes)

Certos relacionamentos parecem inabaláveis. Eles têm seus segredos, e alguns desses segredos podem ser compartilhados. Pois aqui vai o meu.

Meu marido e eu adotamos a atitude poderosa de ter uma agenda conjunta, na qual anotamos o que gostamos um no outro, o que é desafiador e os sonhos que queremos realizar lado a lado. Para cada atitude negativa dele, eu me obrigo a encontrar duas positivas, para manter aberto o filtro de que há mais coisas boas do que ruins no nosso relacionamento.

Sei que o grande motivo pelo qual estamos juntos é o amor. Porém, às vezes, mergulhamos na rotina e esquecemos a beleza disso. Abrimos nosso diário uma vez por mês, durante um jantar a dois no qual passamos a nos conhecer sempre um pouco melhor e a entender os pontos fortes um do outro. Criamos uma corrente que reforça tais comportamentos. Agradecemos um ao outro por estarmos juntos e por tudo de bom que esse convívio nos proporciona.

Cada um escreve o que seu coração pedir, indicando o que é mais precioso no outro. Não se preocupe se houver comportamentos repetidos. Também não tem problema se esquecer um dia ou outro, o importante é comprometer-se a observar o seu companheiro, e ele a você. Se seu parceiro não curtir essa ideia, comece você a fazer o seu diário do amor e prossiga na dinâmica. Marque o jantar, leia suas anotações, compartilhe o que observou de ruim e o dobro de atitudes boas. Sem impor nada, estou certa de que o tempo mostrará ao outro o valor dessa atitude.

De onde tirei essa ideia? Bem, eu mantenho diários desde os 8 anos de idade, e eles muito me ajudaram, ao longo da vida, a colocar para fora os meus sentimentos, entender um pouco mais o que acontecia dentro de mim e ter maior clareza para tomar decisões. Desses diários que faço desde sempre veio a ideia de criar o diário do amor.

44. Perdoe e apague o passado ruim

"Perdoe os outros não porque eles merecem perdão, mas porque você merece paz." (Jonathan Lockwood Huie)

Enquanto não perdoamos, muita energia é desperdiçada.

Quem não perdoa está sempre a se contar as mesmas histórias, colocando-se na posição de vítima e assumindo que o outro é vilão. Ninguém evolui em um cenário assim. Limitados a explorar o que passou, não colocamos foco no que desejamos.

Há pessoas que acreditam que o simples fato de continuarem em um relacionamento já equivale ao perdão. Mas perdão é outra coisa: é olhar para o outro sem julgamento nem mágoas. Enquanto existe crítica, o passado ruim continua vivo. Por mais que digamos que houve o perdão, não abrimos espaço para a gratidão dos ensinamentos que a experiência nos trouxe.

Agora você pode estar um pouco confuso. Imagine que tenha sido traído em um relacionamento amoroso e resolveu perdoar permanecendo na relação. Mas no fundo não consegue esquecer: sempre que a outra pessoa chega tarde ou parece distante, você fica remoendo o acontecido. Isso não foi um perdão. Perdoar exige outra dinâmica, a da compreensão, entender que somos todos humanos e carregamos imperfeições, portanto erramos.

A decisão de perdoar envolve autorresponsabilização, ou seja, assumir que tivemos parte no que aconteceu. Só depois desse processo é que conseguimos nos reposicionar e mudar, interrompendo o ciclo de sofrimento pelo que aconteceu. Posso perdoar e resolver sair da relação.

O perdão traz benefícios maiores a quem perdoa do que a quem foi perdoado. Ao fazê-lo, nos livramos da dor de ter que conviver com um sentimento negativo.

Padre Fábio de Melo costuma dizer que a pessoa a quem mais perdoamos certamente é a que mais amamos. Isso! É preciso muito amor para perdoar. Quando a gente não se importa, simplesmente se afasta.

Tiago e eu temos um ritual lindíssimo de perdão. Colocamos para tocar uma música instrumental e por 5 minutos repetimos o mantra do Ho'oponopono: eu sinto muito, me perdoe, eu te amo, sou grato. É impossível não se emocionar, e os efeitos no corpo e na alma são imediatos.

45. Renove os votos

"Aquilo que se faz por amor está sempre além do bem e do mal." (Friedrich Nietzsche)

Já pensou em renovar os votos de casamento? Conheço casais que a cada ano reavaliam como foi o ano anterior e a possibilidade de continuarem juntos. Outros, a cada cinco anos fazem uma lista dos pontos positivos e negativos da relação.

Eu, a cada aniversário de casamento ou de namoro olho nos olhos do meu marido e pergunto: "Você pediria a minha mão hoje, novamente?" Essa pergunta ganhou importância especial quando eu estava em outro relacionamento, infeliz e cheia de dúvidas, e minha psicóloga, Elen, hoje uma amiga que amo muito, quis saber:

"Se ele pedisse você em casamento hoje, qual seria a sua reação?"

Lembro como se fosse hoje: naquele momento percebi que minha história de amor, por mais especial que tivesse sido, tinha chegado ao fim. Quero deixar claro: quando se coloca um ponto final, não significa que não tenha sido bom, significa apenas que acabou.

Mas, se tudo vai bem, renovar os votos reacende a chama do amor. Já parou para pensar em como era quando vocês se apaixonaram? O que você fazia de diferente? O que arrancava suspiros dos dois?

É como reafirmar um compromisso feito e abrir a possibilidade de criar, a cada recomeço, uma nova relação baseada no amor e na honestidade.

Não hesite em falar com o parceiro sobre como anda

a conexão entre vocês. Se ela estiver boa, cuide para que fique cada vez melhor. Não destrua um relacionamento. Regue, semeie mais amor e mais compreensão, faça mais sexo, toque, troque presentes, agradeça, simplifique ao máximo a vida para que ela seja leve. A vida a dois se constrói na rotina. Quando o bicho pegar, leve seu pensamento para os momentos mágicos e diga ao seu amor: "Apesar de todos os desafios, vale a pena estar com você, e por isso eu aceito o seu pedido de casamento outra vez".

46. Aprenda quando é hora de ceder

"Nunca minto para você.
Sempre contei uma versão da verdade."
"A verdade não tem versões, ok?"
(diálogo do filme *Alguém tem que ceder*, de 2003, com Diane Keaton e Jack Nicholson)

No mundo rígido e competitivo em que vivemos, aprendemos que ceder é péssimo e nos enfraquece. É tempo de rever esse conceito equivocado que nos traz tanta infelicidade. Ceder é a atitude que nos permite ampliar nosso olhar e construir algo novo. Perguntar-se: "O que ainda não consegui enxergar nessa situação que estou vivendo?"

Ceder é desarmar-se. Abrir-se para ouvir e falar na dinâmica de qualquer relação, onde interagem sempre três elementos: você, o outro e os dois juntos. Quando ouço e respondo rápido, em geral estou falando apenas comigo mesma. Acredito que estou certa e o outro não. Só que estar certo ou errado é o que menos importa, o que verdadeiramente tem valor é o que faço com os meus erros e acertos, porque *quando acerto tenho a possibilidade de ensinar alguém a ser melhor e quando erro tenho a chance de aprender*. O que influenciará os meus dias será a forma como me relaciono frente àquilo que vejo como erro e acerto.

Quando adquirimos maturidade, percebemos que ceder na relação não significa abrir mão da liberdade de ser quem somos, mas sim de fazer algo que nunca faríamos. *Quando cedemos, damos as boas-vindas ao novo e ao aprendizado*. Meu marido adora futebol e eu não, mas, se ele me chama para ver um jogo, eu o acompanho de bom grado. Eu adoro dançar e ele se acha desengonçado, mas faz aulas comigo e se diverte. A dois, construímos aprendizados que não teríamos se cada um ficasse na sua postura rígida de não ceder.

47. Deixe o celular fora da relação

"Um amor que ama sozinho é sempre um desperdício."
(Mel Fronckowiak)

Outro dia, saí para jantar com meu marido e observamos as mesas ao nosso redor. Muitas pessoas estavam acompanhadas, mas com o celular na mão. Já viu isso acontecer? É tão comum que ninguém mais se choca. Antes, víamos casais sem se olhar nos olhos ou sem conversar direito, como se a companhia um do outro fosse um martírio. Hoje, a fuga está no celular.

Quando alguém está conosco de verdade, ele guarda o celular no bolso e nos dedica 100% de atenção.

Mas não me refiro só a isso, "deixar o celular fora da relação" é uma metáfora para afastar qualquer elemento ou situação que perturbe o absoluto estado de presença.

É difícil, eu sei. Quando me ausento do instante em que vivo, não preciso cuidar da relação nem tratar as feridas. Em vez de enfrentar a dor, mergulho em um verdadeiro *reality show* mental: entro em uma rede social, conecto-me com a vida de outra pessoa, navego naquele filme de Hollywood, que é a viagem daquela amiga que não vejo há dez anos, e perco a oportunidade de evoluir, porque no bonitinho ninguém muda. Quero criar o meu próprio filme. Sou diretora, não espectadora.

Vamos fazer um teste? Abra a rede social que você mais usa e releia as últimas mensagens que mandou para o seu parceiro. Aposto que as mais frequentes eram: "Pode pegar as crianças?", "Vai ao supermercado?". Pouca gente usa o WhatsApp para dizer que ama o marido ou a esposa nem que está com saudades.

TODO SANTO DIA

É assim que criamos paredes em vez de construir pontes. Vamos transformar esse jogo: para cada pedido (sei que são inevitáveis), dois comentários vindos direto do seu coração. Não use desculpas como "ah, ele já sabe" ou "mas eu já falei várias vezes que o amo". Apenas *diga*. E, quando ele chegar em casa, guarde o celular.

48. Tenha a sua vida

"Em uma relação deve existir, antes de mais nada, individualidade, respeito, alegria e prazer em estar junto."
(Elza de Figueiredo)

Outro dia, um casal me adicionou no Facebook. Olhei bem a foto e entendi quem eram: na verdade, eu tinha aceitado o pedido de amizade de uma amiga, mas a foto do perfil era do casal. Perguntei a ela se aquele perfil era dela ou do marido, e minha amiga disse que era dos dois.

É comum, principalmente no início da relação, que os parceiros "misturem" suas vidas. Muita gente não entende que casamento não significa perda de individualidade. Já vi mulheres que perderam a própria identidade quando começaram a namorar e se transformaram, em uma tentativa de agradar ao parceiro. Em algum momento, isso cobrará seu preço, pois a individualidade é uma necessidade humana.

Já vivi isso. Nessa "mistura", perdemos nossa luz, pois só podemos brilhar na autenticidade. A sensação é de sofrimento e vazio. Ao me adequar às vontades do outro, desequilibro a relação e trago a escuridão para mim. Mas eu não percebia na época. Tinha me acostumado. Só quando resgatei minha individualidade é que pude olhar para trás e perceber como tinha me tornado opaca.

Ter vida própria não significa ser egoísta e fazer só o que desejamos. É compreender que em todo relacionamento há três envolvidos: você, seu parceiro e ambos. Todas essas partes precisam ser vistas e ouvidas para harmonizar as energias feminina e masculina do relacionamento.

TODO SANTO DIA

Não abro mão dos meus momentos, em que fico sozinha, me conectando com meu "eu" mais profundo, faço cursos ou viagens. Faço isso sem a menor culpa, consciente de que voltarei uma mulher melhor para meu marido e uma mãe mais evoluída para minhas filhas.

49. Use seu bom humor no amor

"Rir é o melhor remédio para acabar com o tédio e com o baixo astral." (Xuxa)

Quando conheci meu marido, qualquer coisa era motivo de riso. O tempo se incumbiu de nos deixar mais sérios na relação. Uma pena, e estamos trabalhando para resgatar aquela leveza do passado.

A melhor maneira de fazer esse resgate é abrindo espaço para momentos de humor na vida a dois, até que se torne absolutamente natural. A cada dia, trazemos para o outro algo divertido: uma dança engraçada, uma piada, um vídeo que alguém compartilhou conosco, cócegas em momentos de intimidade. Vale tudo o que nos conecta com a energia do riso e da alegria.

Meu marido e eu fazemos aulas de dança uma vez por semana, e esse é um dia de muita diversão. Tiago é um homem atlético e forte, que só agora começou a treinar a leveza que a dança exige. Damos muitas risadas quando ele, com sua força, me faz girar loucamente ou me solta de um jeito mais desajeitado. "Não larga a Andreza!", diz nosso professor, também às gargalhadas. Nossas filhas muitas vezes nos acompanham e também se divertem.

Observe a sua rotina e descubra como trazer a energia do humor para dentro do lar. Pode ser assistindo a uma peça, vendo um filme, pedalando juntos, por exemplo. O importante é praticar. Quando nos distanciamos do humor, nosso relacionamento enrijece. Porém, da mesma forma que desaprendemos também reaprendemos; é da nossa natureza, nos dando a oportunidade de deixar para trás o que não nos faz bem. Aceite esse chamado!

50. Recheie o dia a dia com pequenas e grandes surpresas

"Celebrar! Como se amanhã o mundo fosse acabar. Tanta coisa boa a vida tem para dar. O pensamento leve faz a gente mudar." (Jammil)

Eu não economizo nas surpresas para agradar ao meu amor e lembrar a ele por que estamos juntos: porque somos especiais um para o outro. Porque nos amamos. Essa é uma atitude que faz com que *todo santo dia* seja especial.

É diferente de comemorar o dia do aniversário de alguém de uma maneira especial, ainda que isso mostre que, para você, a data é importante. Mas está dentro do esperado, todo mundo faz.

Surpreender é sair da rotina, mostrar que a pessoa é única todos os dias, e não apenas nas datas previsíveis.

Cansei de ver casais felizes no dia dos namorados e infelizes nos outros dias do ano. Isso não é um relacionamento próspero, muito menos feliz.

Na correria do dia a dia, muitos casais não se observam com atenção. Qual a comida preferida de quem você ama? O que ele ou ela adoraria ganhar? Que valores são caros para aquela pessoa? O que faria sentido para ela?

Surpreender é amar e demonstrar o amor, sem medo de parecer bobo. É deixar fluir a paixão, que é um nível profundo e intenso de amor. Quando estamos em uma confluência harmoniosa com a vida, nos apaixonamos e nos surpreendemos. Abrimos nosso coração para o que a vida tem de melhor, e isso nos traz responsabilidade pelo nosso contentamento.

Quero me sentir bem e estou comprometida com isso, quero que a pessoa ao meu lado se sinta da mesma maneira. Caso contrário, de nada adianta a minha alegria. Portanto, vou criar condições para que ela seja feliz e multiplique a nossa felicidade.

Surpreender é oferecer doses de amor aos pouquinhos, todos os dias, dando ao outro mil pequenos motivos para sorrir. A atitude pode ser um simples café da manhã na cama, uma noite especial, um bilhete rabiscado no guardanapo. Algo que acenda uma centelha de amor no dia a dia do outro. No livro *As cinco linguagens do amor*, o escritor Gary Chapman nos ensina que cada pessoa tem uma maneira de comunicar como se sente amada. São cinco "linguagens":

1. Palavras de afirmação;

2. Qualidade de tempo;

3. Receber presentes;

4. Formas de servir;

5. Toque físico.

Qual é a sua linguagem? E a do seu parceiro? Desvende-a: isso faz parte da dança de olhar e ser olhado.

PARA TER AMIGOS E INFLUENCIAR PESSOAS
(MINHA HOMENAGEM A DALE CARNEGIE)

51. Fortaleça suas amizades

"Amigo é coisa para se guardar do lado esquerdo do peito."
(Milton Nascimento)

Ter amigos verdadeiros ajuda você a viver mais e com maior felicidade, segundo estudo da Universidade Brigham Young, nos Estados Unidos. Do ponto de vista da Psicologia, socializar-se é essencial para uma vida plena e saudável. Somos seres sociais. Nascemos para viver em bandos, nunca isolados.

Amizade não é sobre quem chegou primeiro ou por último, mas sim sobre quem chegou e nunca se foi. Ninguém precisa ter uma vasta coleção de amigos. O importante é que sejam verdadeiros.

Para mim, amigos são anjos colocados na Terra para nos ajudar nos momentos em que tudo parece perdido. Eles nos emprestam ombros, ouvidos, o coração e, mais ainda, nos ajudam a entender o significado dos nossos piores dias. Também estão aí para comemorar nossas conquistas; há quem diga que é nas horas boas que descobrimos quem são os amigos de verdade, porque os inimigos não suportam nossa felicidade.

Na era digital, é comum ter muitos amigos virtuais, mas não permita que a tecnologia distancie você da felicidade que é sentir o abraço, o toque, a presença real do amigo.

Eu, assim como você, tenho amigos que moram longe de mim. Sempre que posso diminuo essa distância, mas sei que os amigos verdadeiros deixam raízes, influenciando positivamente o meu dia a dia com seus exemplos, suas atitudes e palavras, apesar do tempo e da distância.

Tenho a graça de ter amigos que conseguem extrair de mim diamante mesmo quando estou me sentindo uma pedra. São esses que agregam um propósito à vida e aumentam a longevidade. São criadores de alma.

Acredito ainda nos amigos espirituais, aqueles que posso nunca ter visto, mas considero muito próximos. Jesus, para mim, é um grande amigo espiritual, pois sempre me ajuda a compreender o que de fato importa quando estou perdida na correria dos meus desafios diários. Também tenho amigos que conheci por um vídeo da internet, por uma palestra ou por meio de um livro, as palavras deles fizeram de mim uma pessoa melhor, mesmo que nunca tenhamos compartilhado um abraço, um aperto de mão.

Cultive boas amizades, faça raízes fortes. Esteja aberto a ouvir e se interesse verdadeiramente pelo seu amigo. A amizade é uma via de mão dupla.

Invista seu tempo e sua energia em boas relações pessoais. Participo de grupos com valores semelhantes aos meus e nunca volto dos nossos encontros do mesmo jeito que cheguei, sempre saio melhor, mais motivada e entusiasmada para ser quem eu nasci para ser.

52. Enxergue as pessoas pelo filtro do elogio

"Podemos nos defender de um ataque, mas somos indefesos diante de um elogio." (Sigmund Freud)

Sempre que posso, elogio quem está ao meu lado. É uma atitude aparentemente simples, mas de muito poder. Algumas pessoas não fazem isso por vergonha, medo da rejeição ou mesmo do julgamento. É hora de rever essa postura. Mesmo antes de ler sobre a psicologia positiva, eu já intuía que elogiar faz bem não só a quem ouve, mas também é uma arma poderosa para alavancar e potencializar o que temos de bom.

Quando observo alguém, sempre me concentro em seus aspectos positivos. Em vez de criticar condutas de que discordo, faço justamente o contrário: digo a ele que admiro tal qualidade ou virtude. Talvez por isso eu tenha tanta facilidade em fazer amigos: penso que todos têm algo de bom e procuro mostrar isso com palavras, gestos e olhares. O elogio produz um milagre: quando enxergamos o melhor do outro, a possibilidade de que ele se conecte conosco aumenta exponencialmente, gerando reciprocidade. Quando enxergo o que o outro tem de bom, é natural que ele queira enxergar algo de bom em mim.

Você quer aprender a elogiar o outro? Pois então convido você a aprender o que é conexão. Conexão, para mim, não é um conceito intimista – é buscar o melhor no outro e no mundo. Para conseguir extrair esse melhor, porém, primeiro preciso me conectar comigo e lançar um olhar generoso, acolhedor, para o que há de melhor em mim. É por isso que acredito que a conexão tem três facetas:

1. A conexão comigo. Tenho um exemplo bem prático. Digamos que eu esteja com a garganta inflamada. Nesse dia, me conecto com meu silêncio, com a escuta do outro, ou seja, com o que de melhor existe dentro de mim a cada dia.

2. A conexão com o outro. Ela só acontece de verdade quando consigo extrair o que há de melhor nele. Um exemplo: se essa pessoa me decepcionou, me conecto com o fato de que ela é humana e, como tal, erra. Não significa que devo preservar a amizade se o erro em questão me fez mal, contudo transformo a má atitude do outro em aprendizado e compreensão ao decidir que jamais me comportarei dessa forma.

3. A conexão com o mundo. Por meio dela, busco me aproximar das melhores situações e circunstâncias no cenário que me foi dado.

Está nas nossas mãos escolher qual é a conexão que queremos para os nossos relacionamentos, inclusive conosco. A conexão correta muda você e a sua forma de ver o mundo.

Tem algo a mais que quero falar sobre o elogio: quando sincero, ele pode salvar uma vida.

Não sei se você conhece a história do fã da cantora Lady Gaga, que escreveu uma carta de despedida, explicando por que tinha decidido suicidar-se. A cantora teve acesso àquela carta e fez um apelo público. "Não se atreva! Olhe para esse rosto lindo! Toda tristeza pode mudar, mas você precisa trabalhar para isso. Converse com aqueles que apoiam você e fique com a gente. Precisamos de você", disse Gaga.

Dessa forma, ela impediu que o garoto tirasse a própria vida. Gaga, uma celebridade milionária, com o mundo a seus pés, parou tudo o que estava fazendo para ajudar um fã em desespero. Sua ferramenta: o filtro do elogio. A história fica mais notável ainda quando lembramos que a própria cantora foi desencorajada de seguir carreira artística por um ex-namorado, que chegou a lhe dizer que ninguém apreciaria suas canções.

Se você pensar bem, podemos salvar vidas o tempo todo. Podemos ser agentes de luz e de mudança na vida das pessoas. *Todo santo dia* podemos levantar a bola de quem está ao nosso lado. Basta nos comprometermos a abençoar as pessoas com as nossas palavras em vez de lançar maldições.

As palavras são poderosas e, uma vez pronunciadas, transformam-se em luz. Se formos sinceros, aproximaremos as pessoas de nós e criaremos uma corrente de amor que se expande. Quando tinha 22 anos, li um livro que mudou a minha forma de me relacionar com as pessoas: *Como fazer amigos e influenciar pessoas*, de Dale Carnegie. Na época, agradeci muito ao autor e prometi a mim mesma que um dia eu retribuiria o bem que me fez compartilhando meus aprendizados com outras pessoas.

Alguns estudos de Harvard dizem que a prática de elogiar pode até mesmo nos impulsionar na carreira. Isso acontece porque, quando elogiamos e somos elogiados, nos motivamos a sempre dar o nosso melhor. O outro também se beneficia com o nosso "choque de aprovação".

Uma frase que sempre repito é de Irmã Dulce. Ela dizia: "Sempre que puder, fale de amor e com amor para alguém. Faz bem aos ouvidos de quem ouve e à alma de quem fala".

Percebeu que um elogio pode influenciar a trajetória de sua vida, a da sua empresa e a dos seus colegas?

A automotivação impulsionada pelos elogios melhora nossa atividade física e mental, e afasta a sensibilidade à negatividade, melhorando nossa entrega. Além disso, nesses momentos de satisfação o cérebro libera a dopamina, que é um poderoso neurotransmissor do prazer.

É tudo uma questão de foco para evidenciar o lado bom. Elogie sempre que puder. Isso pode mudar o dia, e até a vida de alguém.

53. Abrace muito

"Gosto desta definição: abraço é o encontro de dois corações."
(Cazuza)

Passamos a vida inteira querendo pertencer a um grupo, um ambiente profissional, uma tribo, é assim desde que o mundo é mundo. Quando abraçamos alguém, advém exatamente o sentimento de proteção e de cuidado que associamos à característica do pertencimento. Abraço é confiança e entrega. O fluxo de energia entre duas pessoas que se abraçam é poderoso e revigorante.

Uma das atitudes mais poderosas que conheço é a do abraço. Tenho como meta oferecer pelo menos dez abraços por dia. Logo pela manhã gosto de abraçar longamente meu marido e minhas duas filhas. Assim, juntamos coração com coração e criamos um campo magnético que traz plenitude emocional. Um abraço assim deve durar 50 segundos.

No trabalho, abraço meus funcionários e alguns clientes mais próximos. A cultura do abraço deve ser implementada sempre que possível. No final das orações que fazemos no ambiente profissional, abraçamos uns aos outros, e acredito que a força dessa atitude poderosa pode mudar tudo. Pensamos em nós mesmos como canais de divindade; assim, quando os clientes chegam, oferecemos mais do que o bom serviço: se eles precisarem de amor, poderão receber graças à inteligência divina que compartilhamos. Que possamos ser canais de transmissão dessa energia.

Vejo o abraço como um meio de melhorar as relações interpessoais e estimular meus colaboradores. Mas não só.

Abraçar desencadeia a liberação de ocitocina, o hormônio do amor e da felicidade. Um abraço verdadeiro traz a mesma sensação boa de comer chocolate ou se exercitar. Reduz o estresse, afasta as tensões, baixa a ansiedade e influencia até o desejo sexual.

Com um simples abraço podemos transformar o mundo e acolher a criança perdida dentro de nós.

Pense em uma ilha, ela parece só, mas não é, pois as águas a abraçam e podem levar qualquer pessoa até aquele torrão de terra. O abraço tem o mesmo poder, conectando nossos corações a intenções de cura e amor.

54. Olhe nos olhos

"Procure três qualidades nas pessoas: integridade, inteligência e energia. Sem a primeira, nem vale a pena se ocupar das outras duas." (Warren Buffett)

Olhar nos olhos é uma atitude que fornece muitas informações sobre nosso interlocutor. O contato visual firme, em geral, sinaliza confiança e honestidade. Uma pessoa verdadeiramente íntegra dificilmente conseguirá sustentar uma mentira ou fazer uma proposta duvidosa olhando nos olhos do outro.

Nossos olhos são reveladores e expõem o que os lábios não têm coragem de anunciar. Por isso, gosto particularmente dessa atitude.

A Programação Neurolinguística (PNL) sugere que há uma relação entre o movimento dos olhos e o que se passa na mente da pessoa. Quando meu interlocutor olha para o lado direito (em relação a quem o observa) e para o alto, por exemplo, estaria evocando algo que já conhece; para baixo, à direita, estaria travando um diálogo interno, e assim por diante. Vale estudar o assunto para tornar-se um "analista da alma" das pessoas com quem interagimos, o que pode ser especialmente útil quando fazemos entrevistas de trabalho, reuniões de negócios, etc.

Pessoas que não conseguem encarar as outras nos olhos não transmitem confiança. Então, mesmo que você aja assim por timidez, é importante superar essa vergonha se quiser construir laços fortes. Ninguém quer se relacionar com quem não confia. Desviar os olhos passa a mensagem de que está escondendo alguma coisa.

ANDREZA CARÍCIO

A vida deve ser uma troca constante. Não deixe que o medo da entrega nas relações atrapalhe esse rico compartilhamento. Olhe nos olhos com toda a intensidade e diga mais do que as palavras podem revelar.

55. Chegue 10 minutos antes, sempre

"As oportunidades se multiplicam à medida que são aproveitadas." (John Wicker)

Chegar a um compromisso na hora é obrigação.

Chegar 10 minutos antes é sinal de profundo respeito com o outro. A mensagem que transmitimos é: "Este encontro é muito importante para mim". Claro que imprevistos acontecem, mas, no fundo, no fundo, quando algo é verdadeiramente relevante nós nos planejamos para evitar atrasos. Se temos um voo internacional, chegamos horas antes ao aeroporto. Se a visita à pessoa querida que está na UTI do hospital começa às 21 horas e termina às 21h20, você estará lá antes das 21 horas à espera da chamada para entrar. Não é assim?

Deveríamos nos comportar da mesma maneira em todos os nossos compromissos. Quando chegamos 10 minutos antes, ganhamos um tempo precioso de organização física (deixar a respiração se normalizar, caso tenha se apressado!) e mental ("Como começar essa reunião?"). Nos preparamos melhor e temos mais fé em que "tudo vai dar certo".

No momento em que comecei a me adiantar para todos os compromissos agendados, notei que tudo mudou para melhor. Eu não tinha a dimensão de como faz diferença chegar a uma reunião mais cedo e sentir a energia do lugar ou preparar um ambiente para receber as pessoas. Quem chega mais cedo está mais atento e focado, mais preparado para o dia. É simples, não custa nada e faz você se sentir melhor. Experimente adotar essa atitude poderosa em sua vida e pare de chegar no horário. Chegue sempre antes.

56. Honre o sistema familiar

"Não é o mais forte que sobrevive, nem o mais inteligente. Quem sobrevive é o mais disposto à mudança." (Charles Darwin)

Estamos todos conectados, conscientemente ou não. Essa ligação é muito maior com a nossa família biológica ou do coração. O elo que nos une interfere diretamente em todas as áreas de nossas vidas. No que pensamos, sentimos ou em como agimos.

Uma atitude poderosa é honrar cada membro da nossa família, principalmente pai e mãe. Em todo sistema existe uma ordem, nele, cada pessoa tem o seu lugar e a forma de se relacionar, de dar e receber. Seu corpo, por exemplo, é um sistema. Se trocarmos as posições do fígado e do coração, será uma catástrofe, concorda?

Acontece que nas nossas relações familiares é muito comum um filho querer mandar no pai ou na mãe, o mais novo querer tomar o lugar do mais velho, uma mãe sofrer aborto e não considerar a existência daquele filho, excluindo-o de sua vida, ou uma pessoa que está no seu segundo relacionamento fazer de conta que o anterior nunca aconteceu. Segundo a teoria das Constelações Familiares, criada e desenvolvida pelo alemão Bert Hellinger, situações como essas desequilibram o sistema, de maneira que os integrantes, inconscientemente, acabam por se conectar com os padrões limitantes. Concentram-se no que veem, sem se perguntar: "O que existe, mas ainda não consigo enxergar?" Tomam a parte pelo todo e criam uma realidade que não existe.

É natural acontecer esse tipo de inversão na cadeia

familiar, seja por falta de conhecimento ou de entendimento. Fazemos escolhas erradas e raramente praticamos a aceitação do outro como ele é realmente. É mais fácil desculpar os amigos do que aqueles que são mais próximos de nós.

Existem três leis na Constelação Familiar. Há a lei do pertencimento, ou seja, cada indivíduo tem o direito de pertencer a esse sistema – não existe ex-pai, ex-filho, ex-marido, ex-tio, ex-irmão. Quando tentamos excluir alguém do sistema, advêm desarmonia e problemas. Outra lei é a da hierarquia estabelecida pela ordem de chegada. Isso significa que aqueles que vieram antes têm autoridade sobre quem veio depois. Um pai tem precedência sobre o filho, assim como o irmão mais velho sobre o mais novo; os que sucedem não podem nem devem intervir nos assuntos dos que vieram antes. Não podem assumir as dores, mesmo que as justifiquem por amor. A terceira lei é a do equilíbrio entre o dar e receber, e é importante na família, assim como nas relações interpessoais. É essencial dar e receber de maneira equilibrada, sentindo gratidão por tudo o que recebemos, sem julgamentos do passado e livres para seguir o caminho em paz.

Eu mesma, durante muito tempo, sofri inconscientemente por um sentimento de rejeição profunda. Quando nasci, minha irmã mais velha sentiu que eu tinha tomado o espaço dela e me excluía de suas brincadeiras e do seu amor. Naquele instante, estava sendo infringida a lei do pertencimento, ocasionando desequilíbrio ao sistema. Hoje, consigo compreender o que aconteceu. Todos nós erramos, mas importante mesmo é aceitar, promover a "cura" para as consequências daquele erro e seguir a vida. Simples assim.

A cura acontece a partir do processo de autorresponsabilização, quando saímos do lugar de vítima ou juiz.

Observe o sistema familiar com honra e respeito, sem se deixar dominar pela culpa. Cada ser humano faz o melhor que pode com os recursos que tem. Não há melhor nem pior, bom nem ruim. Não há como ter controle sobre isso. O único controle que nos cabe é em relação aos nossos pensamentos, sentimentos e atitudes.

57. Crie um código de conduta para os seus filhos

"A palavra convence, mas o exemplo arrasta. Não se preocupe porque seus filhos não escutam, mas observam você todos os dias." (Madre Teresa de Calcutá)

Os combinados entre mim e meu marido se revelaram tão importantes para o nosso convívio que, a certa altura, decidimos estender essa prática para nossas filhas. Se você tem filhos, recomendo que faça o mesmo.

Quando as meninas estavam com cerca de seis anos, nós nos sentamos todos juntos ao redor da mesa de jantar e começamos a conversar sobre as regras que elas deveriam respeitar em casa. Por exemplo: ao chegar da escola, deveriam almoçar, escovar os dentes e fazer o dever de casa, se houvesse. Só então poderiam brincar. Em seguida, as duas falaram o que esperavam do papai e da mamãe. Reivindicaram, por exemplo, que brincássemos com elas pelo menos 30 minutos todos os dias – o que passamos a cumprir, mesmo porque é uma delícia. Acredito que aquela conversa foi muito positiva para todos ali. As meninas entenderam as regras de maneira lúdica e compreenderam que participavam da construção da nossa convivência. Na nossa casa, cada um tem seu valor e seu lugar – dessa maneira, todos podem ser vistos e ouvidos. Nossos compromissos verbais são feitos sempre olho no olho.

Também deixamos claro que elas, assim como meu marido e eu, têm voz ativa, independentemente de idade e tamanho. Explicamos que sempre seriam ouvidas, porém a decisão final seria tomada por nós, os adultos, já que somos mais experientes. Certa vez, uma das meninas pediu que não viajássemos no fim de semana porque haveria a festa da melhor amiga, mas já tínhamos uma programação fechada e não foi possível atender ao pedido. E tudo bem, porque tínhamos combinado que seria assim. Em uma família, é importante saber onde termina o direito de um e começa o dever do outro. Clareza é libertadora em uma relação.

58. Volte a brincar como uma criança

"Se você não brincar com a vida, a vida brigará com você."
(Augusto Cury)

Quando as minhas filhas nasceram, eu vivia entre fraldas e mamadas e não me dava conta da magia escondida naquele momento. À medida que cresciam, minhas filhas pequenas despertaram em mim uma vontade de brincar. Foi uma oportunidade mágica na vida. Deus nos presenteia com filhos para que possamos revisitar a criança que existe dentro de nós.

Não tem coisa mais chata do que crescer e virar um adulto apartado da criança interior. Se reaprendêssemos a brincar na idade adulta, seríamos mais potentes, porque a inocência infantil é plena de sabedoria. Crianças sabem obedecer a instintos, amar incondicionalmente, viver o momento presente, rir das pequenas coisas, se contentar com o extraordinário da vida e ser felizes.

O adulto raramente abre espaço para essa conexão. É uma pena. Eu mesma, com o passar dos anos, fui me tornando uma pessoa muito severa. Mesmo que existisse uma criança dentro de mim, ela não conseguia se manifestar. Minhas filhas é que a libertaram.

Durante algum tempo, não foi prazeroso brincar com elas, era uma obrigação, algo que eu teria que cumprir para ser uma boa mãe. Não me identificava com as brincadeiras. Até que comecei a voltar ao meu passado e recordar do que eu gostava na infância. E lembrei que amava Playmobil, boneca, queimada, pular corda e tantas outras brincadeiras.

Eu sabia que existia aquela energia no meu corpo, mas não fazia ideia de como me conectar a ela novamente. De fato, hoje sei que isso é muito desafiador. Mas eu estava disposta a entrar em contato outra vez, custasse o que custasse. Percebi que teria que colocar o campo energético da diversão em movimento, ainda que, para minha mente consciente, houvesse um conflito, uma certa culpa. Com tanta coisa para fazer, seria aquele o melhor uso do meu tempo? – eu me perguntava. Mas algo dentro de mim dizia que seria lindo. Que valeria a pena.

Quando as meninas já tinham idade suficiente para entender, expliquei a elas que mamãe tinha desaprendido, não sabia mais brincar. Perguntei se poderiam me ensinar. Elas adoraram a ideia. E com o tempo fui me reconectando com a leveza e a diversão.

Hoje existe uma brincadeira que eu amo, que é de escolinha. Acho uma delícia ensinar ou deixar com que elas me ensinem. Costumo ser a professora da Bíblia e, como estudo as Escrituras, compartilho os ensinamentos aprendidos com elas. Às vezes, as meninas me chamam para ser professora de português. Gosto de apresentar palavras novas e perguntar o que sabem sobre elas. Certa vez, perguntei o que era respeito e a Laís respondeu que era "obedecer a papai e mamãe e falar a verdade sempre".

Quando nos permitimos voltar a ser crianças, por meio do ato de brincar, conseguimos destravar a mente e buscar soluções alternativas para entender a própria dinâmica da vida.

Brincando, criamos uma vida mais leve. Nos conectamos com a esfera da imaginação e semeamos um terreno propício para ideias que não teríamos de outra maneira.

TODO SANTO DIA

O espírito infantil nos torna mestres em simplificar o que pareceria complicado para um adulto. Quando brincamos, nossa criança interior nos ajuda a criar estratégias para todo tipo de desafio.

A brincadeira tem uma poderosa função social e produz inúmeras oportunidades de aprendizado. Mas você sabia que, ao brincar, o adulto também é capaz de elaborar soluções para situações emocionais e conflitos? Além disso, quando mexemos com nossas lembranças juvenis, reencontramos um passado que pode evocar sensações alegres. O ingresso no mundo adulto muitas vezes nos endurece e ensina valores que nos distanciam da fonte da vida.

Se na hora da brincadeira algo captura a minha atenção, avalio o que é prioridade naquele momento e fico em paz com a minha decisão, buscando explicar para minhas filhas, com clareza e honestidade, por que não posso brincar naquele momento. Eu sei que erro, que não sou perfeita, muito pelo contrário: gostaria de aproveitar muito mais o tempo com elas. Porém, sei que dou o meu melhor, pois, além de mãe, sou mulher, profissional e dona de casa. Tantas funções! Mas a principal que sou é Andreza, e para ela eu busco respeito e felicidade.

59. Faça bom uso do poder da sugestão

"Somos o que fazemos repetidamente. Por isso o mérito não está na ação, mas sim no hábito." (Aristóteles)

Não me refiro a estímulos ou a apoio, embora isso, naturalmente, seja essencial no relacionamento com quem amamos. Refiro-me à hipnopedia, que significa "aprendizado durante o sono".

Nela, uso a fase do sono REM (*Rapid Eye Movement*), quando temos os sonhos mais nítidos, para reprogramar a mente daquela pessoa que dorme com você, ou dos seus filhos, que tanto ama. Faço e já fiz muito isso com as minhas duas filhinhas para ajudá-las a lidar com medos, baixa autoestima, xixi na cama e dificuldades de se relacionar. Obtive resultados fantásticos.

Depois de aproximadamente uma hora de sono, quando elas entram no período REM, leio um texto que conduz a mente delas a adotar um comportamento que, na minha crença, poderá lhes fazer bem. Leio o texto seis vezes, sempre em primeira pessoa, falado baixinho para não as despertar. Se uma delas acorda, eu digo: "Continue dormindo enquanto digo coisas boas para você". Além de ler, visualizo e coloco muita emoção nas palavras. Faço com uma de cada vez.

Para ficar mais fácil de você entender, compartilho meu roteirinho. Você pode usar para qualquer comportamento ou sentimento negativo.

"[Diga o nome da criança]. Continue dormindo... Isso, durma... Papai te ama, mamãe te ama, vovó te ama, vovô te ama, irmãzinha te ama, você é uma menina muito amada e saudável. Enquanto dorme, sua cabecinha ensina você a gostar de conhecer pessoas novas, e você fica muito feliz em fazer novos amigos, assim como fica quando brinca de boneca com a mamãe. Continue dormindo, e enquanto você dorme, vai se tornando uma criança mais feliz e confiante."

Repito essa afirmação durante um mês. Algumas pessoas dizem que bastam 21 dias para conseguir uma mudança mental, passando da velha imagem para a nova, reprogramada.

O psicoterapeuta búlgaro Georgi Lozanov, que tem uma escola de "sugestopedia", afirma que "os filhos são aquilo que os pais pensam deles". Para esse médico, os pais se comunicam telepaticamente com seus filhos. Acredito que isso aconteça de verdade. Desde a gestação, busco oferecer os melhores recursos para elas, como amor, confiança, alegria e gratidão.

Seguindo o raciocínio de Lozanov, outra atitude poderosa em relação a elas é ter cuidado com o que verbalizo acerca da personalidade de cada uma. Sei que a identidade das minhas filhas se forma a partir do que eu, meu marido e as pessoas que têm influência sobre elas falam. Então, sempre fortaleço o que há de positivo. Para lidar com os comportamentos desafiadores, converso procurando mostrar como seria se agissem de forma diferente. Jamais digo para uma filha que ela é preguiçosa, bagunceira ou desastrada. Isso exige de mim mais tempo e paciência, mas é gratificante. Desejo que melhorem dia após dia, com muito amor e carinho.

60. Ajude quem você ama a ser melhor

"Se um cair, o amigo pode ajudá-lo a levantar-se. Mas pobre do homem que cai e não tem quem o ajude a levantar-se!"
(Eclesiastes 4:10)

Para ajudar o outro a ser melhor, primeiro temos que buscar ser melhores a cada dia. Devemos nos responsabilizar por essa relação mudando a nós mesmos, e não ao outro.

Certo, muito bonito de se ler, mas como fazemos isso?

Nos posicionando frente ao que vemos e observamos. Sendo sinceros, ainda que a verdade doa.

Houve uma época em que meu marido não estava bem, com muitos desafios no trabalho e vários receios. Escolhi me manifestar com franqueza, dizendo a ele que, se continuasse do jeito que estava, acabaríamos nos distanciando. No entanto, eu estava disposta a ajudá-lo no que fosse preciso. Tenho certeza que meu posicionamento foi a melhor maneira de contribuir para que ele superasse o mau momento. Em vez de criticar, me abri para ouvir e sentir o outro. Quando muita gente fala ao mesmo tempo, ninguém ouve, porque cada um está apenas falando consigo. Porém, se nos conectamos nesse grau de profundidade, auxiliamos o outro em sua evolução pessoal.

Quantas vezes ao dia você verdadeiramente olhou para o seu marido ou sua mulher nos olhos? E seu cliente? Seu colaborador? Seus colegas de trabalho? Seu filho? Quantas vezes você decretou abundância e prosperidade para o dia deles?

O melhor significado de *ajudar o outro a ser melhor* é observar, e se necessário alterar, a nós mesmos.

Quando nos colocamos na posição de ajudar, já nos apresentamos como fortes, em contraponto à fraqueza do outro; inconscientemente, incorporamos a ideia de que somos superiores, quando na verdade, somos apenas *diferentes* e juntos podemos chegar ao melhor de hoje, que ainda não é o melhor a que podemos chegar. Subestimamos o que somos capazes de nos tornar e superestimamos o negativo em nós, por isso tanta depressão, ansiedade e tristeza.

Não critique: tome uma posição. Não julgue, não queira retribuição. Confie na capacidade de superação do outro.

61. Pare de choramingar e passe a agradecer

"A gratidão é a virtude das almas nobres." (Esopo)

Desde bebês, sabemos exatamente o caminho para conseguir o que queremos: primeiro por meio do choro e, depois, quando já aprendemos a falar, pedindo. Se quando a gente nasce chorar é o único caminho, nem sempre amadurecemos com os anos. Então, continuamos choramingando para que o mundo atenda às nossas necessidades, como crianças mimadas que fazem cara feia quando não ganham o que querem na hora que querem. Muitos de nós nos tornamos adultos tão imaturos emocionalmente que desconhecemos a frustração.

Com isso, perdemos a oportunidade mais importante que a vida nos oferece: a atitude poderosa de ser a melhor versão de nós mesmos, *todo santo dia*.

A gratidão diária é uma maneira de não deixar o nosso coração ser infectado pelo vírus do medo. Dia após dia, fazemos uma lista de pedidos a Deus. Choramingamos pelo que não temos e esquecemos de agradecer o que nos foi dado.

É mais ou menos assim: seu filho pede muito um brinquedo e você, depois de refletir a respeito, cede e compra. A criança brinca um pouco, mas logo depois deixa o presente de lado. No dia seguinte, já está pedindo outro, com a mesma intensidade. Os pais geralmente respondem: "Você acabou de ganhar um brinquedo novo! Nem brincou com ele e já quer outro?"

Sem perceber, agimos da mesma forma com Deus.

Choramingamos que queremos o que não temos e nunca valorizamos aquilo que nos foi dado.

Colocar gratidão nos nossos dias tem que ser como escovar os dentes. Acorde e agradeça. Tome banho e agradeça. Almoce e agradeça. Hoje adquiri o hábito de agradecer e tudo para mim é motivo de gratidão, mas nem sempre foi assim. Eu escolhi ter essa atitude poderosa, a ponto de defini-la como meta do final do ano de 2016. Decidi que eu seria a mulher mais grata que pudesse ser. Hoje agradeço quando abro os olhos pela manhã, quando faço minha caminhada matinal, antes de sair de casa com meu marido e as minhas filhas – momento em que damos as mãos e rezamos pelo privilégio de começar mais um dia. No trajeto até a escola das meninas, falamos sobre o que elas têm a agradecer durante o dia. Agradeço quando chego para trabalhar, quando faço minhas refeições e quando me deito. Fez uma enorme diferença na minha vida. Percebi que quanto mais eu agradeço, mais bênçãos recebo. É como se todo o amor do universo inundasse meu ser.

Quando agradecemos, entramos em um estado de espiritualidade mágica que atrai novas situações felizes e agradáveis, em um ciclo virtuoso infindável.

Todos temos um lado grato e outro reclamão, convivendo dentro de nós como luz e sombra. Pergunto então: você tem se conectado com a sua melhor parte, independentemente das circunstâncias e dos "nãos" que ouve da vida e das pessoas? Quando seu carro quebra, como você interpreta essa pequena chateação? Pensa que só quem tem carro passa por isso ou reclama da falta de dinheiro para comprar um novo? Se você se queixa do salário... é porque está empregado. Se seus filhos o irritam, é porque você tem uma família. Determinados problemas só afetam quem, na verdade, tem milhares de motivos para agradecer.

A perspectiva do ingrato é a da escassez. A perspectiva da pessoa grata é a da abundância. Experimente. Pare de pedir e comece a agradecer. "Pois a quem tem mais será dado e terá em grande quantidade. Mas a quem não tem, até o que tem lhe será tirado." O segredo por trás dessa citação no Evangelho de Mateus é a gratidão. Ela trabalha para que o bem se instale cada vez mais na vida de quem sabe ser grato e aproveitar as bênçãos da vida, gerando mais bondade. Essa é uma lei que governa todo o universo.

A gratidão é magnética. Quanto maior for, mais abundância conseguirá atrair. Existe uma felicidade sem limites e a gratidão é a chave que nos conecta a ela.

Outro dia ouvi uma palestra de uma personalidade dizendo que não entendia a gratidão e que achava tudo uma grande bobagem; segundo a pessoa, essa história de agradecer por tudo tiraria o foco do trabalho. Para quem já experimentou uma vida de reclamações e frustrações, assim como eu, e hoje desfruta de uma chuva de bênçãos diárias, bobagem é não acreditar na existência de uma energia poderosa que entra em movimento quando agradecemos.

Todo santo dia eu agradeço e minha energia muda. Isso não significa que eu esteja fazendo de conta que meus problemas não existam. Sei que eles estão lá, mas escolho agradecer pelo ar que respiro, pelo corpo que habito, pela inteligência infinita do organismo que faz com que meu coração bata sem precisar de um comando. Agradeça você também pelo seu corpo que se regenera todos os dias e por suas células que se multiplicam. Visualize cada uma delas abrindo-se para acolher todo o seu amor.

Quando preenchemos nossas células com o alimento sagrado da gratidão, vibramos em outra frequência.

Para ouvir uma música no seu rádio, você sintoniza a emissora que quiser – escolha a das bênçãos e dos milagres. Quer uma ideia? Separe um caderninho e anote no final do dia acontecimentos grandes e pequenos, simples ou importantes. Eu faço isso e depois me pergunto: o que aprendi de novo hoje? O que me deixou feliz? O que aconteceu de bom? Para mim, não é a alegria que nos torna agradecidos, ser agradecidos é que nos torna alegres.

Segundo a neurociência, quando sentimos gratidão acionamos o "sistema de recompensa" do nosso cérebro, desencadeando bem-estar. Ao entender que algo de bom aconteceu, o cérebro libera uma substância chamada dopamina, neurotransmissor responsável, entre outros efeitos, pela sensação de prazer e recompensa. Libera também um hormônio chamado ocitocina, conhecido como hormônio do amor, que estimula a tranquilidade e o afeto.

Quanto mais esse ciclo de realização se repete, mais nosso organismo busca novas ondas de recompensa. É por isso que, quando você começa a praticar a gratidão, as emoções positivas e a satisfação com a vida se fazem mais presentes. Nosso cérebro não é capaz de sentir duas coisas ao mesmo tempo, ele sente uma de cada vez. Então, quando você sente gratidão, o sentimento de infelicidade não tem espaço. Pioneira da psicologia positiva, Barbara Fredrickson comprovou que emoções positivas inibem a região do nosso sistema nervoso onde brota o estresse – ela chama esse fenômeno de "efeito anulador" das emoções positivas.

A gratidão é uma das atitudes mais poderosas que conheço.

62. Vigie suas palavras e seus pensamentos

"Nossas crenças se transformam em pensamentos, os pensamentos em palavras, as palavras em ações e as ações repetidas se tornam hábitos. E esses hábitos formam nossos valores e determinam nosso destino." (Mahatma Gandhi)

Muitos de nós negligenciamos o poder das palavras. Nos esquecemos de que, uma vez pronunciadas, não há volta. Elas podem nos fazer adoecer ou trazer prosperidade. Com palavras edificamos ou destruímos pessoas. Harmonizamos ou tumultuamos ambientes.

Para a Programação Neurolinguística (PNL), método que nos ajuda a compreender melhor nossos modelos mentais e oferece ferramentas para alterá-los, a linguagem verbal pode modificar nosso campo eletromagnético, com reflexos até mesmo no nosso DNA! Devemos usar isso a nosso favor e vou explicar por quê.

Quando aumentamos a nossa frequência vibracional por meio de palavras e pensamentos, mudamos a energia e estimulamos desbloqueios emocionais. Por isso, muita atenção ao que você pensa e fala, mesmo quando está só. Vigie seus pensamentos e suas palavras. Profetize apenas aquilo que deseja para a sua vida e essa atitude poderosa fará com que as portas se abram.

No dia a dia, ouço pessoas dizerem que estão cansadas, sentindo-se mal e profetizando que tudo está péssimo. Outras falam isso em tom de brincadeira, mas se soubessem o mal que estão fazendo para si mesmas, ainda que estejam mentindo ou brincando, ficariam caladas. As palavras emitem energias que irão se materializar.

Se for para brincar, brinque com palavras positivas, jamais com as negativas. Essa atitude vai mudar a sua vida e a energia que você atrai.

Procure falar e mentalizar apenas o que gostaria que acontecesse com você e com sua família. Para que essa programação se concretize, experimente enaltecer as pessoas e suas qualidades.

Faça mentalizações e vivencie o poder de ser o que já é: capaz, seguro de si. Crie afirmações positivas do que deseja se tornar. Por exemplo, se você é uma pessoa insegura e ansiosa hoje, trabalhe conscientemente a frase: "Estou me tornando cada vez mais seguro e confiante" (visualizando-se como tal).

Quando expressamos em voz alta aquilo que queremos, criamos ao nosso redor um campo responsável por emitir energias poderosas. Essas energias favorecem a realização do que desejamos.

63. Escolha as palavras certas

"Cada escolha, por menor que seja, é uma semente que lançamos sobre o canteiro que somos. Um dia, tudo o que agora silenciosamente plantamos ou deixamos de plantar em nós poderá ser avistado de longe." (Padre Fábio de Melo)

Neste livro, já trouxe outras reflexões sobre o poder da palavra. Volto a esse assunto, porém sob outro prisma: quantas vezes, na sua vida, o seu destino foi outro por causa de uma palavra certa?

Na minha, várias. Eu não seria quem sou hoje se, em vários momentos, não tivesse escolhido as palavras certas para dizer. E também para escutar, porque são dois lados da mesma moeda.

E como saber que era a palavra certa?

Você saberá. A palavra certa ressoa como uma canção no coração, mesmo que desperte tristeza. Se alguém questiona a sua competência para realizar determinada tarefa e aquele comentário ecoa em você, era o que precisava ouvir – você tentará superar aquela limitação e fazer melhor na próxima vez. Era uma palavra dura, mas tinha um poder curativo. Talvez tenha tocado alguma corda sensível na sua alma, uma crença ruim herdada da infância, uma experiência malsucedida do passado. Fato é que, se você perceber que aquela crítica não define quem você é, apenas se aplica a algo que você eventualmente fez, abre-se um caminho luminoso para atitudes mais confiantes no futuro.

O que nos machuca pode nos diminuir ou nos fazer crescer. Essa decisão é nossa.

Se a palavra for positiva, ou seja, se encher nosso coração de ânimo e disposição, acolha-a e alegre-se. Identifique-se com ela.

Agora, pense nas palavras que você escolhe dizer e no poder que elas têm de elevar o seu espírito e o das pessoas ao seu redor.

Um exemplo banal. Eu estava me exercitando em uma academia e um professor me perguntou:

"E aí? Está acabada?"

Pare e pense no que ele me disse. Acabada, eu? Pelo contrário! Respondi: "De jeito nenhum! Estou revigorada, com o sangue circulando vibrante em minhas veias!"

Na minha empresa, um dia um funcionário disse a outro:

"Cara, você está perdido. Tem muita coisa nas suas costas!"

A pessoa poderia concordar, mas ofereceu ao colega uma linda resposta: "Fico feliz, de certa forma. Isso mostra que meu trabalho está sendo reconhecido e que confiam em mim. Vou fazer o melhor que puder!"

Observe que, mesmo de maneira inconsciente, você escolhe palavras o dia inteiro. É com essas escolhas que você constrói o seu futuro. Digamos que você decidiu comprar um carro X – pode observar: você vai começar a encontrar esse carro em todo lugar.

A verdade é que os carros sempre estiveram lá, sua mente é que não estava aberta para isso.

Quando você começa a usar as palavras certas (sobre ser merecedor, ter talento, etc.), sua mente, de modo natural, se abrirá para ver tudo de bom que há em você mesmo, sempre que houver oportunidade para isso.

64. Observe sua intenção

"Uma verdade que é dita com má intenção derrota todas as mentiras que possamos inventar." (William Blake)

Colocar intenção em algo é uma atitude muito poderosa. Muitos estudos já comprovaram o poder dessa conduta. Quando emitimos pensamentos de amor intencionalmente, seja para pessoas, animais ou plantas, o objeto observado é afetado pelo campo de energia do observador.

Se você orar por alguém, sua intenção positiva ajudará quem passa por um mau momento. Se fizer um projeto, livro, uma música ou qualquer forma de arte com a intenção de favorecer as pessoas, elas se beneficiarão do que foi produzido – a intenção se encarregará de que assim seja. Ao cozinhar, você pode colocar a intenção para que o alimento seja mais do que apenas nutrição. Quando abraça alguém, pode colocar a intenção de que aquela troca de energia seja positiva para ambos.

A intenção com a qual você sai de casa muda absolutamente tudo, e não há nada pior que uma intenção ruim embrulhada em uma proposta boa. Já viu como vez ou outra conversamos com pessoas que dizem palavras agradáveis, mas sentimos uma energia dissonante daquilo que falam? A intenção por trás de uma proposta, de um telefonema ou de uma mensagem pode ser mais potente do que o conteúdo em si. Quando algumas pessoas ligam, já sabemos pelo tom de voz que querem pedir algo. Às vezes nem sentimos vontade de atender.

A questão é que temos uma espécie de "faro" para intenções e nosso corpo todo está programado para assimilá-las. A glândula timo, por exemplo, está associada ao poder da intenção, da coragem e da autoafirmação. Alguns terapeutas recomendam bater com as mãos cerradas no peito, sobre a região onde fica o timo, para reforçar aquilo que queremos.

Todos os dias, ao acordar, faça uma lista de intenções e afirmações. O poder magnético da intenção move as palavras e existe uma força oculta que nos favorece quando temos uma boa intenção. O palestrante norte-americano Wayne Dyer, que já escreveu um livro sobre o assunto, diz que quando uma pessoa age sob o poder da intenção geralmente está conectada com outro nível de consciência e se entrega ao êxito. Quem coloca intenção no que faz não vive reclamando, porque ocorrem alterações em seu subconsciente.

Conseguimos constatar o poder da intenção pelos resultados obtidos. Vou dar um exemplo simples de entender: convivo com todos os tipos de empreendedores de sucesso. É nítido quando alguém quer apenas nos vender algo e quando esse algo é ofertado porque a pessoa acredita nos benefícios do que oferece. Com nosso "faro", sabemos quando existe uma intenção positiva, é como se nos sentíssemos atraídos por aquela pessoa ou ideia. Como se tudo conspirasse a favor.

Os bem-intencionados não se relacionam com o conceito de fracasso ou impossibilidade. Não aceitam o "não" como resposta. Eles confiam em uma fé invisível e criam ao redor de si uma aura natural propiciadora de acontecimentos positivos, tanto no campo material quanto no espiritual.

Quem sabe usar o poder da intenção pode canalizar seus pensamentos para o que quiser. Em geral, são pessoas prósperas e naturalmente conectadas com suas fontes internas de energia e com seus desejos.

Quando nos ligamos a uma intenção maior, entregamos a uma inteligência superior a missão de orquestrar os acontecimentos para nós. Dessa forma, até mesmo quando as coisas não saem como esperamos sentimos que aquilo aconteceu para o nosso bem. Confiamos na sincronicidade do universo e entendemos que a vida está sempre providenciando o melhor para nós.

Tenha a intenção de ser quem deseja, de se transformar no que acredita ser o melhor para você, de atrair aquilo que precisa. Observe quais são os "para quês" das suas perguntas, respostas e ações: o que você tem dito, feito e pensado está conectado com o bem-estar que deseja? A intenção é libertadora: nos liberta para que possamos nos conectar com nosso estado de presença, mas também para o estado futuro que almejo para mim, pois meus "para quês" estão plantando sementes que serão colhidas por mim no jardim da vida. Escreva suas intenções em uma folha de papel, de maneira clara, para favorecer sua materialização. Então, fique atento: você perceberá como as coisas mudarão. Não são apenas palavras, mantras e atos: intenção é tudo. Não menospreze seu poder.

65. Faça declarações poderosas

"Quem tem o poder de construir tem também o poder de transformar ou destruir. Cuidado com o que fala, pois a palavra é uma espada de dois gumes." (Saint-Germain)

Agora que já apresentei a você meu argumento a favor da intenção, gostaria que traduzisse as suas em *declarações*.

Declarações são frases ditas em voz alta que potencializam nossas intenções. Todos os dias, antes de sair de casa, faço as minhas.

A primeira coisa que verbalizo é: todas as pessoas que eu encontrar se sentirão mais felizes e dispostas pelo simples fato de estarem perto de mim. Assim já emano uma vibração poderosa para todos aqueles que, de alguma forma, se dirigirem a mim ao longo do dia.

Desde que comecei a fazer declarações, senti a diferença. Como você sabe, cartório costuma ser um lugar onde as pessoas vão para resolver disputas e problemas. Nem sempre chegam lá com energia positiva. Por isso, comecei a fazer no meu próprio cartório, no interior de São Paulo, decretos de amor, energia e abundância. Imagino o lugar banhado por uma luz clara. Imagino uma energia na cor dourada inundando de amor cada célula do corpo das pessoas que passam por lá. Visualizo para cada funcionário um banho de cachoeira trazendo abundância. Verbalizo o que desejo e sinto profundamente a energia envolvida na minha intenção. Hoje sei que esses comandos operam como profecias em minha vida.

Todos somos capazes de transformar a energia de um lugar ou de um dia. A atitude poderosa é decretar o que você quer. Se deseja um novo trabalho, visualize os detalhes da proposta e decrete em voz alta que irá recebê-la. Essa transmutação no pensamento fortalece os sentidos, dá coragem para as ações, muda a energia e propicia realizações.

Os decretos combinam oração, meditação, visualização e sentimento. Ao dizê-los, você comunga com Deus e invoca forças superiores para auxiliá-lo a enfrentar os desafios pessoais.

Quando os decretos são feitos com devoção, você estabelece um laço de amor entre o seu coração e a criação, a fonte de tudo. Por meio dessa ligação, seu amor ascende a Deus e a Luz chega até você. Reserve diariamente um momento para fazer seus decretos em um local tranquilo, que seja consagrado para esse fim. Pode ser o seu carro, enquanto você dirige. Não menospreze o poder da declaração positiva para ativar a sua energia de poder.

Já contei aqui que todos os dias, quando desperto, faço uma massagem no meu marido. Quando termino, olho nos olhos dele e decreto para a sua vida o que meu coração sinaliza. Há dias em que decreto paz, em outros, energia, saúde ou abundância. Em seguida, ele faz o mesmo comigo. Imagina isso? Como seria se, *todo santo dia*, você decretasse prosperidade para a vida do seu parceiro e estendesse essa prática às pessoas mais próximas que tanto ama? Não me diga que não tem tempo, porque esse decreto não demora nem um minuto!

Antes de sairmos de casa para levar minhas filhas para a escola, cada um de nós quatro escolhe alguém para ser alvo de seu decreto, de tal modo que nós quatro comecemos o dia sob profecias de abundância, enunciadas pelas pessoas que mais amamos. Como é poderosa e milagrosa essa prática!

Use essa técnica para algo que queira desenvolver. Vamos imaginar que deseje elevar sua autoestima. Comece fazendo a seguinte afirmação diante do espelho: "Eu me amo e mereço receber amor". Anote no seu caderno o que sentiu e pensou ao fazer isso. Todo dia faça essa auto-observação e perceberá a melhora.

Você separa pelo menos cinco minutos do seu dia para profetizar a sua vida, declarando seus projetos, como será seu dia, sua semana? Pois convido você a iniciar essa prática hoje mesmo. Somos feitos à imagem e semelhança de Deus e, como tal, temos autoridade para profetizar vitória em nossa vida.

Na primeira semana, reserve um minuto diário para isso.

Na segunda, dois minutos, cravados no relógio. Siga até chegar a cinco minutos diários. Pode ser no banho, no carro, a caminho do trabalho, onde for melhor, mas envie suas profecias ao universo todos os dias. A espiritualidade é fonte de paz, mas também de poder e de muita força. Forças invisíveis, que não vemos, mas nos movimentam.

66. Profira encantamentos

"Se você não está fazendo encantamentos, não está fazendo o que eu ensino." (Anthony Robbins)

Encantamentos são frases que conferem poder, ou padrões de linguagem que podemos verbalizar em voz alta, com certeza absoluta, várias vezes ao dia, para modificar pensamentos e sentimentos.

Aprendi a fazer encantamentos com o *master coach* Anthony Robbins, um de meus grandes mestres quando o assunto é transformação pessoal. Tony, como é chamado, me ensinou a criar meus próprios encantamentos, direcionando minha energia ao que desejo que aconteça.

Na infância, associamos encantamentos a contos de fadas em que príncipes viram sapos ou princesas adormecem profundamente. Meu convite hoje é para que esqueçamos essas memórias do passado e tomemos a atitude forte e mágica de profetizar o que queremos para nós.

É importante que você crie as suas frases de poder. O que sai do seu coração será mais forte do que qualquer mantra decorado, embora também sejam eficazes. Não precisa falar alto – expresse-as de um jeito que combine com o seu temperamento. Eu faço os meus encantamentos em situações nas quais ativo a energia do meu corpo físico e do emocional – por exemplo, correndo pela manhã, em um banho de cachoeira ou mesmo me olhando no espelho quando estou sozinha. Essa conexão entre nosso corpo e nossas emoções potencializa o efeito do encantamento.

Quando termino de fazer uma afirmação poderosa, sinto que a minha vida não é determinada pela qualidade daquilo que me acontece, mas sim pela forma como resolvo olhar para os desafios que surgem no meu caminho. Compartilho alguns encantamentos que criei, na esperança de que inspirem você. Faço um de cada vez, de acordo com o que meu coração me pede, repetindo várias vezes.

Eu sou amor e energia.
Eu confio na vida.
Pessoas e acontecimentos maravilhosos estão se aproximando de mim neste momento.
Eu me abro para novas possibilidades.
Começo a ver e a sentir o que antes não compreendia.
Tudo o que eu preciso saber me será revelado.
Tudo que necessito virá até mim.
Eu tenho força e proteção divina.
Eu sou imagem e semelhança do criador.
Deus me orienta e torna meu caminho claro e fluido.
Eu posso, eu consigo, eu mereço no poder que existe em mim e na força que me guia.

A atitude poderosa do encantamento nos permite criar novas realidades. Observe que esses pensamentos são sempre otimistas – quando os alimentamos, ensinamos nosso cérebro, uma estrutura muito plástica, a ser mais positivo. Portanto, deseje o melhor para você. Tenha o hábito de encantar a sua vida com frases poderosas que tragam esperança, força e poder.

Guarde também este exemplo de encantamento feito pelo Tony em um dos eventos que participei:

ANDREZA CARÍCIO

Agora eu sou a voz.
Eu vou levar, não seguir.
Eu vou acreditar, não duvidar.
Eu vou criar, não destruir.
Eu sou uma força para o bem.
Eu sou um líder.
Desafie as probabilidades.
Defina um novo padrão.

67. Medite todos os dias para ser mais feliz

"A quantidade de conexões cerebrais está diretamente relacionada à saúde mental. Nesse sentido, podemos dizer que a meditação é um exercício para a mente, excelente para deixá-la mais 'musculosa' e prevenir doenças." (Michael Posner)

Desde que comecei a meditar, passei a me sentir espiritualmente melhor. Meu corpo e minha mente se fortaleceram.

Meditar é como correr: é preciso começar aos poucos. Inicie com um minuto de meditação praticando exercícios de atenção plena, como observar-se e contemplar o ambiente a sua volta, em pequenos momentos do dia. Isso ajuda a mente a permanecer no aqui e agora. Quanto mais focada ela estiver, mais profundo o estado de meditação. Antes de meditar, costumo dar leves batidinhas no meu corpo inteiro, ancorando minha consciência no presente.

Quando já praticava a meditação com bastante foco e presença, compreendia que seria possível transportar esse estado meditativo para ações cotidianas e extrair o melhor delas. Para mim, sempre que nos concentramos no nosso corpo, na nossa respiração e no tempo em que vivemos, estamos, de alguma maneira, meditando. Às vezes, quando estou correndo, presto atenção a cada passo, ao ritmo da respiração e às batidas do meu coração – naquele momento, entro em total estado meditativo. Esse estado tem potencial para mudar o nosso humor e as nossas atitudes.

Todos sabemos dos tão alardeados benefícios da meditação para a saúde: ela aclara a memória, equilibra o sistema endócrino, combate o estresse. Mais do que isso, porém, acredito no poder da meditação para criar felicidade. Quando nos mantemos no presente, nos alinhamos com a energia da gratidão, pois não estamos lastimando a perda de algo nem ansiosos pelo que nos espera. No presente, é mais simples enxergar a beleza da vida, bem como as dificuldades, que assumem exatamente o tamanho que têm – nem mais, nem menos.

Medite para ser mais feliz!

68. Pratique a coerência cardíaca

"O amor não se vê com os olhos, mas sim com o coração."
(William Shakespeare)

Quando estou ansiosa à espera de que algo aconteça, mas não tenho total controle sobre esse evento, ou quando algum desdobramento do dia a dia abala o meu equilíbrio, uso uma técnica de respiração muito poderosa criada pelo Institute HeartMath, na Califórnia. Chama-se coerência cardíaca.

Sabemos que o ritmo do coração se desestabiliza quando enfrentamos situações de medo, ansiedade ou estresse. Por outro lado, se experimentamos estados de paz e tranquilidade, esse ritmo se torna coerente e harmonioso. Isso acontece porque o coração humano possui uma rede intrincada de mais de 40 mil neurônios conectados diretamente com o cérebro. A comunicação entre esses dois órgãos é que resulta na variação dos batimentos cardíacos, influenciando as flutuações da pressão arterial, a respiração e o funcionamento do nosso sistema imunológico. Claro que tudo isso afeta também o nosso estado de espírito.

Ao utilizar essa técnica, contribuo para que o coração e a mente andem em harmonia. Os benefícios são inúmeros, a começar pela redução do estresse e da ansiedade.

Para trabalhar a coerência cardíaca, escolha um ambiente tranquilo, sente-se confortavelmente, feche os olhos e concentre os pensamentos nos batimentos cardíacos e no coração, respirando devagar. Imagine o ar entrando, circundando o coração e saindo pelo nariz.

Evoque uma situação agradável que tenha feito seu coração transbordar de alegria, reviva esse momento na sua imaginação. Continue respirando profundamente e, enquanto respira, relembre o pensamento positivo e conecte-se com palavras de poder. As que funcionam para mim são amor, gratidão, apreciação e cuidado. Enquanto direciono a energia para o coração, mentalizo as palavras de poder durante alguns minutos. Depois, regresso lentamente e abro os olhos, já mais calma.

69. Entoe o "om"

"Pode-se alcançar a sabedoria por três caminhos. O primeiro caminho é o da meditação, que é o mais nobre. O segundo é o da imitação, que é o mais fácil e o menos satisfatório. Em terceiro lugar, existe o caminho da experiência, que é o mais difícil." (Confúcio)

O "om" é o som do infinito, uma vibração sonora de imenso poder que ajuda a mente a libertar-se de pensamentos e ideias que alimentam a ansiedade. Hoje, até mesmo a medicina ocidental reconhece seus efeitos benéficos para o nosso organismo, estimulando regiões importantes do cérebro, reforçando o sistema imunológico e favorecendo os processos criativos da mente. Ajuda na concentração e combate a depressão e estados mentais que impedem o sucesso de tratamentos. Energiza as regiões das glândulas pineal, pituitária e tireoide. A lista é longa.

Quando pratico o "om", sei que essa vibração age diretamente sobre o plano inconsciente que, por sua vez, direciona determinadas frequências. Os efeitos fisiológicos se manifestam internamente sobre o sistema límbico cerebral por meio de ondas, atingindo células, órgãos e glândulas vitais.

Todos os dias, entoo o mantra por alguns minutos e protejo minha mente dos estados negativos pela simples harmonia e repetição dessa sílaba única e encantadora. Procuro um lugar tranquilo, sento-me em uma posição confortável e enuncio o "om" repetidamente, sentindo a vibração. Ao finalizar esse ritual energético, ainda de olhos fechados, me conecto em pensamento com as pessoas mais especiais da minha vida e faço uma "emotização", ou seja, uma visualização de futuro conectada a uma emoção. Dessa forma, cultivo minha harmonia interior e obtenho do universo o que ele tem de melhor a me oferecer.

70. Faça ensaios mentais

"O único limite que pode haver em sua vida é a dimensão da sua imaginação e o nível de empenho que você aplica para que tudo se torne real." (Anthony Robbins)

Todas as noites, antes de dormir, faço ensaios mentais. É uma das atitudes mais poderosas que conheço, pois me conecta com meus desejos e intenções e faz com que aquilo que decretei para a minha vida ganhe energia e potência.

Houve um tempo em que eu não acordava bem e me perguntava se algum dia seria possível levantar da cama com uma energia imbatível. De tanto buscar respostas, aprendi que na noite anterior podemos programar nossa mente para que tudo dê certo no dia seguinte.

Assim que me preparo para dormir, já entro em sintonia com a minha essência. Sei o que quero para o próximo dia e faço o ensaio mental para ele. Penso em como vou acordar: animada e de bem com a vida. Mentalmente, acompanho a mim mesma ao longo de todo o dia, superando os obstáculos e fazendo aquilo que desejo, com disposição e alegria.

Na hora de dormir, acalmo o pensamento com o auxílio da respiração consciente. Faço cerca de dez ciclos, sentindo o ar entrar e sair com força e serenidade. Visualizo-me descendo uma escada que leva a um lugar de muita paz – o meu é uma floresta com cachoeiras e muitos animais. Quando percebo que estou em alfa, ou seja, em profundo relaxamento, nesse momento, enquanto meu cérebro produz ondas mais suaves, determino os comandos: me imagino acordando às cinco horas, feliz, sorrindo, agradecendo pela noite repousante e pelo despertar tranquilo.

Também tenho a atitude poderosa de programar a hora em que vou acordar. Funciona assim: "ajusto" meu cérebro para despertar de três a cinco minutos antes do despertador. Se o alarme tocar às 5h20, minha mente me "chama" um pouco antes, oferecendo preciosos minutos extras para me sentir em harmonia com meu corpo e minha mente. Essa prática cotidiana me ajuda a preservar dois valores fortes dentro de mim: o compromisso com o outro (não posso me atrasar) e o compromisso de acordar bem comigo mesma (sem o sobressalto do despertador). Logo ao despertar, já mostro para o meu corpo, minha mente e minha alma que quem comanda a minha vida sou eu.

Como é, afinal, um ensaio mental?

Tudo começa com simples visualizações do que precisa melhorar. A partir disso, imaginamos as cenas, analisamos os detalhes e projetamos tudo acontecendo como se fosse um filme. Identificamos as melhorias necessárias no "roteiro" do nosso dia a dia e o que precisa ser corrigido em nós. Dessa forma, entendemos como podemos ser a nossa melhor versão em todas as circunstâncias.

Um ator de teatro sabe suas falas, conhece as situações que viverá no palco e está preparado para a ação. Na medida em que aperfeiçoar seus ensaios mentais, você perceberá que é possível viver as ocasiões de maneira mais positiva e tirar proveito delas. É importante lembrar que neles você se torna personagem do cenário que cria. Esse distanciamento permite compreender melhor suas emoções e sentimentos. Com as cenas prontas, poderá idealizar um futuro de sucesso, alegria, verdade, felicidade e atenção plena e conectar-se com ele. E o melhor: preparar-se para quando a cena acontecer de verdade.

Encare sua vida e seus dias como se estivesse se aprontando para uma final de campeonato. Sua mente pode ser sua grande aliada ou sua maior inimiga. Use-a a seu favor, sempre. É assim que busco conduzir minha vida.

É claro que tenho problemas, como todo mundo. No entanto, a partir do momento em que decidi que meus dias seriam melhores, entendi que, se eu estivesse bem, conseguiria enfrentar os desafios com mais facilidade e dar novo significado ao que chamamos de problemas. Os ensaios mentais me ajudaram muito a transformar os sentimentos que me freavam, criando cenários positivos para que eu aprimorasse meu desempenho na área que desejava. Quando passei a determinar que teria um dia poderoso, minhas pequenas profecias se realizavam ao sabor da força de cada intenção diária.

Todo santo dia, acorde com a intenção verdadeira de que o melhor acontecerá para você. Fale em voz alta que terá um dia positivo, que as portas se abrirão, que os desafios materiais e espirituais serão transpostos e você encontrará força e energia para enfrentar qualquer batalha mental, emocional, interpessoal ou espiritual.

Acredito que uma multidão de anjos se coloca ao nosso lado quando fazemos isso. Ganhamos confiança para combater os medos e os sentimentos que nos impedem de avançar. Anulamos todas as sensações que nos afastam de um dia cheio de bênçãos e milagres, como deveriam ser todos os dias.

71. Utilize a técnica do copo d'água

"Existe um número infinito de ideias a ser extraídas do seu subconsciente." (Joseph Murphy)

Você já deve ter ouvido falar da técnica do copo d'água. Dedico a ela uma atitude neste livro porque funciona para mim e, tenho convicção, também funcionará para você. Consiste em tomar um gole d'água antes de dormir e fazer uma pergunta sobre determinado assunto cuja resposta esteja buscando. A intenção é deixar o seu subconsciente trabalhando enquanto você descansa. Pela manhã, sente-se na cama, tome outro gole e espere a resposta. Talvez ela não venha de imediato, mas virá.

Enquanto você dormia, o seu subconsciente continuou trabalhando, como uma sentinela, buscando associações de ideias sobre a pergunta que você fez. Ele fará todo o possível para responder na hora em que você tomar o gole d'água pela segunda vez. Caso a resposta não venha naquele momento, vá viver o seu dia. Aguarde.

Quando comecei a utilizar essa técnica notei que, à medida que eu repetia o exercício, as respostas vinham de maneira cada vez mais rápida. E me surpreendi com a maravilhosa capacidade que temos de fazer associações.

Experimente transformar o copo d'água no seu grande conselheiro noturno. Assim, vai criar um caminho neural e sempre que tomar esse gole antes de dormir, pensando em uma pergunta, seu cérebro já saberá que precisa trabalhar naquela resposta. Experimente e prepare-se para boas surpresas.

72. Dê sempre o melhor de si

"Na adversidade uns desistem, enquanto outros batem recordes." (Ayrton Senna)

Todos os dias quando acordo faço o "combinado" mental de oferecer o meu melhor às pessoas que encontrarei. Elas merecem receber o melhor de mim: meu sorriso, meu olhar que olha no fundo dos olhos delas, as palavras amigas que minha boca pronuncia.

Costumo me perguntar: "Como seria o meu melhor?", "Como respiraria a minha melhor versão?", "Que tipo de conduta teria essa Andreza?", "Como essa mãe agiria com os filhos?", "Que tipo de mulher e amiga ela seria?".

Dessa forma, passo a me conhecer melhor e entender quais são meus desafios para conquistar a versão de mim que desejo alcançar. Por exemplo, se preciso de mais disposição para me tornar uma versão poderosa de mim, capaz de contagiar positivamente a todos, preciso pensar em como me reabastecer diariamente de energia vital para poder distribuí-la.

Ainda que eu não esteja no meu melhor dia, sempre haverá dentro de mim *o melhor daquilo que ainda não é bom*. E é isso que tenho que oferecer.

Muita gente fica perdida e não sabe nem por onde começar ao se deparar com a pergunta: "Como seria a sua melhor versão?". O primeiro requisito é se conhecer, observar as suas prioridades, seus valores e motivações.

Adote essa postura poderosa e pergunte: "Como eu andaria?", "Como eu me apresentaria nos meus compromissos de trabalho?", "Como eu cumprimentaria as pessoas?".

Isso faz com que você identifique todos os melhores desdobramentos possíveis dos acontecimentos da sua vida e tome decisões mais conscientes. A técnica consiste em fazer um ensaio mental *todo santo dia* e imaginar como seria sua melhor versão em um futuro no qual tudo tenha se desenrolado da melhor forma.

Imagine-se em um futuro no qual tenha conquistado tudo que almeja. Reflita sobre seus sonhos e seu propósito e construa um plano de ação.

Pare por alguns instantes esta leitura e reflita: "O que você faria até de graça? Se tivesse todo o dinheiro e o tempo do mundo, o que desejaria fazer?". Nesse momento, você estará se conectando com o seu propósito de vida. Reserve algum tempo para pensar sobre ele, porque se um dia tudo der errado, tudo parecer perdido, é isso que fará você continuar.

Quando temos clareza sobre quem somos e quem queremos ser, nosso radar fica mais sintonizado. Começamos a tocar na estação correta. Esse exercício muda imediatamente a maneira como nos sentimos porque abre o nosso filtro para o que existe de positivo.

Você passa a se vigiar constantemente, mudando a forma de agir, comer, escovar os dentes e falar. Jesus dizia: "Orai e vigiai". Na filosofia do Todo Santo Dia, dizemos: "Orai com atitude". Quando nos vigiamos, saímos do automático e entendemos de que maneira nossas atitudes podem nos afetar positiva ou negativamente. Jogamos no lixo aquelas desculpas do tipo: "Ah, fiz isso porque não estava em um dia bom!" Ora, é importante saber que sempre podemos melhorar. Quem se acha perfeito perde a oportunidade de continuar evoluindo.

É importante lembrar que dar o melhor de si não significa não poder falhar. Nem buscar uma pílula mágica que nos transforme em super-heróis. Dar o melhor de si é saber que vou errar mesmo quando eu der o meu melhor, porque o erro faz parte do meu processo de aprendizado. É ter consciência da minha humanidade, dos meus limites e do meu sofrimento. Sabe o que é muito comum acontecer? Na caminhada da vida, é natural a pessoa encerrar um relacionamento e já dizer para si mesma que sua vida por completo está ruim, quando na verdade tem saúde, tem emprego e várias outras coisas. Ou perder um emprego e dizer que está arruinada. Desejo trazer aqui a consciência de que somos constituídos de muitas partes, e dar o melhor de si significa respeitar o que ainda está precisando ser curado, sem esquecer daquilo que é saudável. Assim, entro no processo de buscar o meu melhor, tendo clareza do que é sombra e do que é luz.

73. Leia livros

"Ler livros não faz você melhor. Saber interpretá-los, sim."
(Karl Marx)

Esta é uma atitude transformadora em todos os campos da sua vida. Diariamente, reserve pelo menos dez minutos para a leitura. Persiga a meta de ler ao menos um livro por mês, ou doze por ano. Pode ser na condução, antes de adormecer, enquanto espera algo ou alguém. Experimente também os *audiobooks*. Não sei se você já parou para pensar nisso, mas durante a leitura de um bom livro é como se o autor conversasse com você e se tornasse um grande amigo. Imagine alguém que você admira muito ao seu lado, compartilhando experiências incríveis. Ler é isso.

Eu leio muito, livros de vários gêneros, mas ainda me sinto profundamente tocada quando leio a Bíblia. Não a vejo apenas como um relato histórico de povos antigos ou como a biografia "oficial" de Jesus, mas sim como um painel da vida tal como é. No Antigo Testamento há história, poesia e textos proféticos, palavras de profetas inspirados por Deus, com mensagens de restauração, conquista, amor e vitória. No Antigo e no Novo Testamentos encontramos Programação Neurolinguística (PNL), hipnose, *coach*, exemplos de inteligência emocional, planejamento, atitude e esperança. Mesmo que você não seja cristão, tente lê-la sob esse novo prisma.

Há livros lindos e desafiadores. Livros que nos entristecem e nos inspiram, nos enfurecem e nos ajudam a entender quem somos e por que estamos aqui. Todos são válidos. Ninguém sai de um livro como entrou. Permita-se essa experiência mágica, *todo santo dia*.

74. Pense de maneira estratégica

"Um homem é a soma de seus atos, do que fez, do que é capaz de fazer. Nada mais." (Mahatma Gandhi)

Muita gente acha que pensar estrategicamente é tarefa de líder. Penso que todos deveriam ter estratégias para o dia, a semana, o mês. Para a vida. O dia tem 24 horas para todos, mas o tempo vai render mais para um do que para outro, dependendo da estratégia.

Há pessoas que trabalham metade do tempo e rendem o dobro. Isso acontece simplesmente porque elas se organizam de maneira inteligente.

Tenho uma estratégia poderosa para organizar meu tempo e vou compartilhar com você: pelas manhãs, todos os dias, faço meu ritual sagrado, que inclui meditação, orações e exercícios físicos. Isso me coloca em um estado de alta performance para trabalhar. No final do dia, me dedico integralmente à minha família e aos projetos pessoais.

Muita gente me pergunta como consigo administrar tudo isso. Digo que a estratégia é priorizar o mais importante a cada momento e focar no aqui e agora.

Se me disponho a completar determinada atividade em um certo período, só paro depois de terminá-la. É um compromisso que estabeleço comigo.

Eu não vim ao mundo sabendo disso, fui me preparando ao longo dos anos. No meu trabalho, gosto de ser a águia, que fica analisando a floresta de cima. Penso que é sempre melhor mudar antes que seja preciso. Diferente de quem fala que em time que está ganhando não se mexe. Ora, quem disse que esse time não consegue ficar melhor?

Quem falou que já chegou ao máximo de performance? E o que seria o máximo? É muito mais difícil fazer transformações quando elas são inadiáveis. Quando tudo está bem, é uma delícia melhorar.

Tudo isso é estratégia. Prepare a sua antes que a vida obrigue você a preparar.

75. Tenha uma mentalidade minimalista

"Toda a nossa sociedade está consumida pela busca indisciplinada do mais. A única maneira de superar esse problema é mudar a maneira de pensar, adotando a mentalidade de fazer apenas o essencial. E precisamos fazer isso já." (Greg McKeown)

Todos os dias, antes de dormir, eu penso: "E se eu morrer esta noite, a vida terá valido a pena?" A resposta – observe – nunca tem a ver com trabalho, com uma grande conquista, com uma Certificação ISO. O que fez a vida valer a pena foi a conversa no ponto de ônibus com um desconhecido. Uma palavra amorosa. Um gesto inesperado.

Você sabia que andar sempre correndo e ocupado vicia? Esse jeito de conduzir a própria vida libera endorfina. Muita gente não consegue "relaxar" porque biologicamente se sentiria "insatisfeita". É como se o corpo pedisse aquele ritmo alucinado. Poucos se dão conta de que o repouso é fundamental, mas para descansar é preciso fazer escolhas em nosso cotidiano.

Hoje, temos a cultura de assumir mais e mais tarefas o tempo todo, acreditando que isso é sinônimo de sucesso. Nesse desequilíbrio existencial, vejo muita gente cada vez mais dependente de medicamento para dormir e de cafeína para acordar. Todos estão cansados, sem energia e doentes física e mentalmente.

A atitude poderosa para reverter isso chama-se minimalismo. Trata-se da arte de discernir entre o barulho externo e a voz interna. É diferente de gerenciar o próprio tempo listando tarefas, trata-se de uma mentalidade inovadora, um verdadeiro modo de vida. Experimentei essa possibilidade e verifiquei que faz total sentido. Ainda não consigo agir da melhor maneira, mas tenho a mentalidade e estou trabalhando internamente para, a partir dela, construir a atitude, e sei que vou chegar lá.

Trabalhamos demais, dizemos "sim" para tudo e acabamos enlouquecendo com o excesso de atividades. Assumimos tantas coisas que nem sabemos o que é essencial de fato. Ter uma atitude minimalista é mudar a maneira como pensamos e adotar a mentalidade de fazer apenas o essencial. Quando agimos assim, abandonamos o que não faz sentido para as nossas vidas.

Hoje compreendo que ter coisas em excesso dificulta levantar voo. Isso me faz mais pesada! Fazer coisas demais atrapalha a identificação de novas oportunidades. Essa compreensão ainda não se faz presente em todos os aspectos da minha vida, mas, ao arrumar uma mala, por exemplo, já consigo me perguntar se preciso mesmo daquele tanto de roupa. Percebo que só tenho dois pés e de nada adianta um guarda-roupa com vinte pares de sapatos. Desde que passei a pensar assim, tenho me sentido mais leve e livre.

No fundo, quando adotamos uma postura minimalista, abrimos a mente mais para "ser" do que para "ter". Conseguimos enxergar o que nos abastece internamente em vez de buscar combustível fora. A atitude minimalista favorece a saúde física, mental e emocional. Acredite e adote-a no seu dia a dia.

Recomendo uma ferramenta que facilita essa percepção, o grupo de WhatsApp seletivo. Crie um grupo só com você e outra pessoa em quem confie. Apague-a e fique sozinha no "grupo". À noite, escreva ou grave um áudio relatando um momento do dia em que fez algo bom. Repetindo essa conduta *todo santo dia*, você abre seu filtro para tudo de bom que há ao nosso redor, mas nem sempre enxergamos. Além disso, poderá se aprofundar no autoconhecimento analisando os dias em que não correu atrás dos seus sonhos. Por que você não se colocou como prioridade?

Essa é uma ferramenta gigante de desenvolvimento humano.

76. Compreenda a lei do sacrifício

"Quantas coisas perdemos por medo de perder."
(Paulo Coelho)

Existe uma lei universal que se chama lei do sacrifício. Na minha vida, demorei muito para compreendê-la. Cresci acreditando que deveria acumular mais e mais, porque no futuro poderia me faltar. Cheguei aos 29 anos vestindo as roupas de quando tinha 15. Como sempre fui magra e cuidadosa com minhas coisas, elas estavam em bom estado. Sempre achei que um dia as usaria de novo.

Imaginava que abrir mão era o mesmo que perder. Isso era muito difícil para mim. O sacrifício, ou seja, essa atitude de desapegar, me parecia algo ruim. Como eu naquela época, a maioria das pessoas ainda se prende ao imediatismo e não se conecta com o depois. Sempre digo que devemos viver o momento presente, mas isso não significa ser inconsequente e querer fazer apenas aquilo que dá prazer.

Com o tempo, comecei a perceber que pessoas que eu considerava evoluídas faziam inúmeros sacrifícios, diferentemente da maioria de nós. Para cada escolha há uma renúncia. Ayrton Senna sacrificava horas de sono e de lazer para treinar com enorme persistência, inclusive em dias de chuva. Poderia citar inúmeros exemplos de atletas, cantores, cientistas que se tornaram únicos obedecendo à lei do sacrifício. Percebi que é uma lei benéfica, mas precisaria compreendê-la bem para extrair o melhor dela. Isso veio quando comecei a estudar para um concurso e precisei abrir mão de passeios, festas e viagens. Tive que pôr de lado o meu tempo de diversão e abrir espaço para algo novo: o conhecimento que me faria passar na prova. Quem entende o que é sacrifício também entende o que é fé, ou seja, uma crença inabalável em algo que ainda não temos, mas que sabemos que somos capazes de conquistar.

Quando conhecemos alguém que tem um excelente desempenho em sua área, é comum pensarmos: "Como ele pode ser tão bom naquilo que faz?".

Não é sorte ou acidente: é disciplina colocada em ação com muita paixão e persistência. Sempre digo que a disciplina é a capacidade de fazer uma escolha e manter-se fiel a ela.

Nada é de graça. Quando falo da lei do sacrifício, quero esclarecer que na vida tudo tem um preço. E nem sempre a moeda é o dinheiro, muitas vezes é a perseverança. Certa vez, minhas filhas queriam muito ganhar uma boneca da moda. Meu marido e eu explicamos que elas teriam que esperar o dia das crianças ou o aniversário. Mas demos uma alternativa: elas poderiam economizar a mesada que recebiam todas as quintas-feiras, em vez de gastar com doces na escolinha. Ou seja, precisariam obedecer à lei universal do sacrifício.

Veja que essa atitude se baseia na fé, mas não na fé cega. Falo da fé de acreditar que, ao abrir mão de algo, um benefício ainda maior virá. Naquele momento, expliquei a elas que é preciso abrir espaço para que o bem aconteça em nossas vidas. Desapegar do que temos para conseguir o que desejamos. Entender que o universo é abundante e que não é preciso ter medo da escassez, porque o novo virá.

Nossos hábitos também são governados por essa lei.

Preciso sacrificar um hábito de natureza inferior para consolidar um hábito de natureza superior. Para tudo isso temos que usar a persistência, que é fruto da disciplina, *todo santo dia*.

Eu não tiro os olhos do lugar para onde estou indo porque sei que, se não sacrificar o que tenho, não vou conseguir algo maior.

PARA SOLUCIONAR SEUS PROBLEMAS

77. Pare de se identificar com as pedras do caminho

"Fazer a si mesmo perguntas mais profundas revela novas maneiras de estar no mundo." (Fred Alan Wolf)

Um dia, pela manhã, ao chegar ao trabalho percebi que tinha esquecido meu celular em casa. Liguei para meu marido e pedi a ele que me trouxesse o aparelho quando saísse para trabalhar. Uma pequena gentileza, coisa de casais que se amam e se ajudam quando preciso, mas ele ficou muito irritado com meu esquecimento. Reclamou, disse que o desvio de rota lhe custaria minutos importantes, me acusou de andar esquecida. Porém, mesmo contrariado, atendeu ao meu pedido.

À noite, depois que nossas filhas adormeceram, ele me pediu desculpas sinceras. Explicou que tinha reagido daquela maneira não por causa do meu esquecimento, mas porque estava aborrecido com outros assuntos. Não se tratava de mim, mas sim dele. Minha demanda foi apenas o estopim para algo que ele já guardava em seu coração.

Quantas vezes nos sentimos assim? Muitas! Nos deixamos contaminar pelos problemas dos outros e, com frequência, nem sequer nos damos conta de por que estamos ansiosos, aflitos ou mal-humorados. Antigamente eu era assim, me sentia mal e nem sabia como aquilo tinha começado. Hoje, não caio mais nessa armadilha. Entendi que é apenas uma reação a algo externo.

Quando aprendemos a praticar a auto-observação, passamos a identificar o processo antes mesmo que ele se inicie.

Nossa mente se deixa influenciar por situações externas. No entanto, se percebo que aqueles sentimentos não nascem do meu coração, é preciso entender que *algo dentro de mim se conecta com aquela negatividade*. Ou ela não encontraria espaço para se manifestar.

Uma vez, minha filha mais velha chegou em casa tristíssima porque uma amiga a tinha chamado de chata. Na hora, tive uma ideia: levei-a até o jardim de casa, peguei uma pedra e estendi a ela.

"Lise, se eu lhe der esta pedra e você disser que não quer, de quem é a pedra?"

"É sua, mamãe", respondeu.

Ela precisou de apenas alguns segundos para entender que se identificar ou não com o problema depende de nós. Lise aprendeu que cabia a ela escolher identificar-se ou não com o que a colega falou. Da mesma forma, sempre que algo semelhante ocorre a cada um de nós, nós é que decidimos se nosso coração transbordará de raiva ou de compreensão. Com um pouco de autoconhecimento, saberemos que o outro tem um ponto de vista – que está longe de ser a verdade. Se não houver estresse dentro de mim, uma reação intempestiva do outro não me tirará do sério. Isso vale para todas as emoções e sentimentos.

Se Jesus vivesse nos dias de hoje, por exemplo, só conseguiríamos despertar nele o amor. Seria impossível estressá-lo, porque esse sentimento não encontraria eco. Só sentimos estresse e angústia se isso estiver dentro de nós. O caos vem de dentro, sempre.

Ninguém é 100% bom nem 100% ruim. Depende do nosso estado interior. O segredo é cultivar um bom estado *todo santo dia*, mesmo que nos custe. Não adianta sair de casa mal-humorado e contaminar as pessoas ao redor. Precisamos ser pontos de luz que iluminam os outros.

Quando deixamos que um estado emocional ruim nos abale, essa energia desfavorável se multiplica de maneira irreversível, produzindo novas situações que ecoam aquele sentimento.

Ao mesmo tempo, podemos elevar o planeta e oferecer nossa contribuição para conduzir as pessoas a um nível de energia mais abundante. Hoje, existem algumas técnicas para responder com consciência plena aos momentos mais difíceis.

O *Mindfulness*, por exemplo, é uma prática de meditação que ensina a consciência e a aceitação dos sentimentos, abrindo espaço para uma transformação no comportamento do ser humano. Quando temos a intenção de melhorar nossos pensamentos, os sentimentos mudam e a energia também. Se saímos de casa em um estado de consciência equilibrado, predispostos a uma atitude de amor para com as pessoas que encontraremos, contribuímos para a transmutação de energia cósmica universal.

Se não nos identificamos com os problemas dos outros e buscamos o nosso centro de paz individual, as relações interpessoais tornam-se mais satisfatórias e, em contrapartida, recebemos de volta as melhores energias.

Não estou falando apenas de lei da atração. Quando temos atitudes poderosas, somos beneficiados e o universo responde a tudo de maneira generosa.

Exercite a auto-observação. Graças a ela, paramos de reagir e começamos a analisar os acontecimentos, buscando identificar quais foram os responsáveis por disparar as emoções negativas dentro de nós.

Você nasceu antes do problema, o problema não é você. Ele se fez presente na sua vida – porque problemas sempre aparecem. Já sobrevivemos a 100% dos nossos piores dias, e eis que algo ruim acontece e pronto! Parece que esquecemos de tudo o que já fomos capazes de superar.

Quando paramos de nos identificar com o problema, estamos livres para saber quem somos de verdade.

78. Esvazie o poder dos seus problemas

"Não importa quão ruim a vida pareça. Se houver vida, há esperança." (Stephen Hawking)

Há pouco tempo, decidi chamar os problemas da vida de "desafios". Uma amiga me perguntou por quê. Expliquei a ela que, quando vemos os problemas como desafios, diminuímos seu poder. Eles passam a ser apenas pequenos obstáculos que precisamos transpor no dia a dia.

Muitas vezes os problemas nos colocam em situações que revelam o melhor de nós. Se conseguimos enxergar o benefício que nos trazem, podemos usá-los para modificar nossa vida para melhor. Encarando dessa forma, eles se transformam em oportunidade de aprendizado.

Faça este experimento: busque na sua memória cinco problemas que você enfrentou. Relembre as consequências. Estou certa de que você descobrirá que se tornou mais forte depois de tê-los encarado.

Às vezes nos acostumamos com os problemas e sofrimentos. Não conseguimos perceber que esses desafios diários apontam caminhos diferentes e viabilizam o que queremos em nossas vidas. Repetimos para nós mesmos: "Que azar! Por que isso sempre acontece comigo?" Em vez disso, encha-se de coragem e, sempre que puder, encare os problemas perguntando-se: "O que posso fazer de diferente diante disso?", "O que existe de positivo que ainda não consigo enxergar?".

Tenho uma amiga que diz que o câncer salvou sua vida. Depois que ela recebeu o diagnóstico, mudou a alimentação, passou a praticar atividade física e a cuidar de seus pensamentos e sentimentos. Hoje não tem mais a doença e encara o problema como um presente, um convite à mudança.

Mesmo na minha vida, um dos momentos mais difíceis por que passei me trouxe grande evolução pessoal. Em meu primeiro casamento, eu era muito "cuidada" por meu marido, dez anos mais velho do que eu. Isso me impedia de resolver sozinha os meus problemas. Quando o relacionamento acabou, arregacei as mangas e, aos poucos, fui me tornando uma pessoa mais segura, confiante e determinada.

Os problemas são poderosos, e não podemos impedir que se apresentem, mas está ao nosso alcance controlar nossas atitudes diante deles. Na pequena organização onde trabalho, um cartório, as grandes evoluções vieram com os maiores desafios. Toda empresa tem um funcionário antigo que sabe tudo e se torna muito importante. Eu tive, e lidar com a saída dessa pessoa costuma ser difícil. Qual não foi a minha surpresa quando percebi que a demissão do meu funcionário mais experiente abriu espaço para mudanças de organização e padronização que tornaram nossos fluxos mais inteligentes e produtivos.

Seja amável consigo, mas compreenda que um problema não vai embora sozinho. Você precisa mudar a maneira de olhá-lo ou fazer algo para resolvê-lo.

Procure transformar os problemas em molas poderosas para impulsionar grandes mudanças em sua vida. Você não está neste mundo a passeio. *Todo santo dia*, pergunte-se: "Quais têm sido as minhas atitudes diante da vida?", "Os resultados têm sido os que busco?".

Procure melhorar seu cotidiano com ações práticas, pois sua vida só mudará com consistência e estratégia. Escreva, agora, três atitudes que você está determinado a tomar para enfrentar os problemas de um jeito diferente, e se jogue!

79. Resolva seus problemas com o coração

"Embora preferíssemos acreditar que é o intelecto que nos guia, são nossas emoções - as sensações que vinculamos aos pensamentos - que realmente nos conduzem." (Anthony Robbins)

Aprendi com o mestre Tony Robbins uma técnica para resolver problemas que funciona maravilhosamente para mim.

Pense em uma situação que precisa solucionar ou em uma decisão que é necessário tomar. Às vezes, são circunstâncias que estão há muito tempo rondando nossa vida, sem que uma saída se apresente.

Quero convidar você a abrir seu coração e suas perspectivas. Antes de prosseguir, movimente levemente seu corpo, para entrar em completo estado de presença. Então, pouse as duas mãos sobre o coração e respire profundamente. Respire pelo coração.

Há ciência nessa abordagem. Suponhamos que você estivesse realizando, nesse momento, um eletrocardiograma e um eletroencefalograma. Ao pensar em situações de estresse, os dois exames mostrariam linhas rabiscadas. Quando respiramos pelo coração por dois minutos, essas linhas se harmonizam. Graças a esse alinhamento, você saberá o que fazer, qual a melhor decisão.

Concentre-se em respirar pelo coração. Sinta o sangue passando por esse músculo magnífico. Sinta a força dos batimentos. Perceba que você não precisou conquistar seu coração: ele é uma dádiva que lhe foi dada por Deus, pelo universo – certamente por algo maior que você.

Você não precisa ser bom demais. Não precisa ser perfeito. Enquanto ele bater, você tem a dádiva da vida.

Então, siga respirando pelo coração e agradeça pela vida que pulsa dentro de você. Orgulhe-se dos caminhos por onde seu coração o levou. Seja grato pela orientação que emana dele.

Conforme sentir a força, o poder e a beleza do seu coração, pense em algo na sua vida que desperta em você a mais profunda gratidão. Algo pequeno ou grande, de hoje ou do passado. Leve seu coração àquele momento e sinta novamente a gratidão, como se estivesse vivenciando-o agora.

Busque outro momento pelo qual se sente grato. Viaje até ele e recupere as sensações vividas. Agradeça por essa bênção na sua vida.

Pense em um terceiro momento de gratidão. Repita todo o processo de revisitar esse momento, reviver as sensações e agradecer. Não se apresse.

Então, pergunte-se sobre as situações que precisa resolver agora. Pergunte ao seu coração. A resposta estará lá.

Se você ainda acha que não sabe ou não confia na resposta que veio, respire profundamente. Se tem opções, escolha uma. Ou escolha apenas fazer algo a respeito. Agradeça ao seu coração. Diga que o ama.

Quando percebemos nosso coração, sempre recebemos as respostas certas. O ponto central, para mim, é: como saber se quem está falando é realmente meu coração? Não será a minha mente?

Penso que jamais teremos uma resposta absoluta. Apenas... sentiremos.

O coração é um órgão de muito poder e suas palavras quase sempre se antecipam às da nossa mente. No útero materno, quando somos do tamanho de uma cabeça de alfinete, ainda não temos um cérebro formado, mas há um coração que pulsa.

Nossa mente foi treinada pela evolução para encontrar obstáculos e superá-los. Imaginamos que ela é o nosso ponto forte, nosso "software" de sobrevivência. Na verdade, nossa mente trabalha exatamente com isto: sobrevivência. Para nos poupar do medo do fracasso, ela nos "informa" que já tentamos tudo o que é possível e nos orienta a jogar a toalha. Todos nós já passamos por situações assim, de achar que nada vai dar certo.

É nessa hora que precisamos trocar de canal e dar voz ao coração. Fixe-o na sua tela mental. Pense que ele está aí por você. Não foi preciso conquistá-lo – ele é uma dádiva divina.

Porém, o coração tem um idioma próprio, que não é a língua dos homens.

Para ouvi-lo, precisamos do silêncio. As respostas vêm com mais facilidade em alguns lugares – eu, por exemplo, quando preciso de respostas me aproximo da natureza, fecho os olhos e formulo mentalmente a pergunta. A solução vem como um *déjà vu*. Sabe aquela sensação de que você já viveu a mesma cena? Bom sinal: quando o diálogo é sincero, você ouvirá uma resposta que, no fundo, já conhecia. Isso porque o coração apenas nos aponta caminhos conectados com nossos sentimentos mais puros.

Com um sorriso no rosto, diga seu nome e saiba: neste lugar, o lugar do coração, você sempre encontrará as respostas.

80. Veja um diamante em cada pedra

"No interior do diamante bruto, escuro e informe, fulgura uma estrela que aguarda ser arrancada a golpes de cinzel e lâminas lapidadoras. Não há ninguém que não possua bondade interior. Há, nos refolhos da alma, a presença de Deus como luz coaguladora, aguardando os estímulos de fora a fim de brilhar com alta potência." (Joanna de Ângelis)

Cada problema é uma pedra que vai virar diamante.

Adoro essa metáfora. Mais: acredito profundamente na verdade que ela guarda. O problema é um presente enviado por Deus, portanto trabalhe nele em vez de lamentar. Se você reage com paralisia, sempre será uma grande pedra que serviu para atrapalhar a sua vida. Ao refletir sobre ele e entender o que precisa ser melhorado, transforma-se em um lindo diamante.

Para mim, cada pessoa é única e em eterna construção – inacabada, mas evoluindo. Uma criança de 7 anos que, assim como eu, só deseja ser feliz.

Não existe problema que não faça crescer. Todos nos conectam com alguma força. Nada é bom ou ruim, nós é que colocamos nossas digitais em cada situação que nos acontece. Assim, cada desafio nos faz mais fortes. Não é fácil, porque somos expulsos do quentinho, da zona de conforto.

Daqui para a frente, firme um compromisso com você mesmo: sempre que um problema bater na sua porta, prometa que olhará para ele como uma grande oportunidade de crescimento. Lembre-se: problemas são neutros, apenas indicam algo que precisa ser visto e pedem uma ação, um posicionamento. Adote uma postura menos complicada. Esse é um dos segredos de uma vida plena e realizada.

O passo seguinte é perceber como você reage quando topa com a pedra. Natural sentir raiva e estresse no primeiro momento, mas não é sábio manter-se nessa energia passado o impacto da notícia. Visualize o que está acontecendo como um grande presente, um diamante que precisa de lapidação. Com essa mentalidade, os desafios tendem a se resolver de maneira mais harmoniosa e com mais equilíbrio.

81. Desenvolva a habilidade de dizer "não"

"Toda vez que você diz sim, querendo dizer não, morre um pedacinho de você." (Albert Einstein)

Por mais que nos esforcemos para agradar, sempre haverá pessoas que não gostarão de nós.

É muito difícil aceitar não ser amado. Por isso é tão complicado dizer "não". Porém, na angústia de nos aproximarmos do outro, só aceitando o que ele pede, acabamos nos afastando de nós mesmos.

É inevitável: sempre haverá "nãos" que teremos que dizer.

Se isso vai acontecer inevitavelmente, que seja por sermos honestos com a nossa verdade. O único grande problema é quando dizemos não apenas para nós mesmos.

Pessoas que não sabem dizer "não" muitas vezes são consideradas "boazinhas", pois toleram que outros comandem o seu tempo em benefício próprio. Embora o bonzinho viva para fazer o outro feliz, sabemos que somente a própria pessoa pode se fazer feliz, até porque a felicidade está totalmente conectada com recursos internos.

Um dos grandes medos de quem não sabe dizer "não" é o de ser rejeitado. Porém, se você gasta muito tempo do seu dia agradando a outras pessoas, onde ficaram os seus sonhos?

A partir de hoje, convido você a colocar um ponto final nesse padrão, porque essas pessoas atuam como vampiros sugadores de sua energia e só agem assim porque você aceita. Encha-se de coragem (que não significa ausência de medo)!

Sei que às vezes o "não" que a gente precisa dar é para a mãe, o filho, o marido, um amigo ou parente, mas, se você ama essas pessoas de coração, compreenda que sua negativa oferece a elas uma oportunidade de desenvolver-se e resolver sozinhas as próprias demandas. Isso é uma grande prova de amor e respeito. Cada um é responsável pelo próprio bem-estar. Na verdade, você tem que mudar a sua perspectiva: o "não" que você diz para o outro é um "sim" para os seus sonhos e para o que é importante para você.

Uma ferramenta poderosa para começar é a seguinte: pense em três pessoas ou três situações para as quais você precisa dizer "não". Depois, elabore um discurso interno para se posicionar perante essas pessoas ou situações, que muitas vezes envolvem dinheiro, problemas conjugais, desrespeito. Pare de permitir que essas pessoas façam de você uma escada para elas resolverem os próprios problemas. Assuma a responsabilidade pelo seu valor e pela sua vida. Até quando você será um trampolim para os outros e um precipício para si mesmo?

82. Distancie-se para decidir

"É nos momentos de decisão que seu destino é traçado."
(Anthony Robbins)

Quando nos distanciamos, podemos observar problemas e oportunidades sob novos e surpreendentes ângulos. Informações densas, que poderiam nos influenciar, se diluem na distância e podemos, então, fazer escolhas mais conscientes e menos contaminadas pelas emoções do momento. Afinal, o ambiente tem seu peso. Simples assim! Pois está atrelado a uma série de memórias ancoradas em você. Mesmo que você não esteja pensando nelas, o seu inconsciente faz essa ancoragem automaticamente. Quando você muda de lugar no trabalho sua perspectiva já muda! Ao mudar de ambiente, então, novos horizontes se abrem.

Não é que as emoções simplesmente vão evaporar, somos humanos e elas nos acompanharão aonde formos. Mesmo assim, a distância configura, de certa forma, um ponto de neutralidade, de onde é mais fácil acessar a energia benéfica da resolução.

Isso é especialmente verdadeiro quando as decisões envolvem nosso negócio. Sempre que precisei decidir, eu sabia que meu lado emocional poderia me influenciar. Foi quando me dei conta de quão poderosa era essa atitude de distanciamento – de focar não em você nem nas pessoas, mas sim na empresa. Muitos de nós, movidos por sentimentos, emoções e energias pesadas, somos levados a fazer coisas de que nos arrependemos depois.

A vida não é ensaio, por isso precisamos ter clareza.

Sou contra postergar decisões e sei que indefinições causam ansiedade, mas se você não tem 100% de certeza distancie-se, reflita e, se possível, ouça uma segunda ou terceira opinião para identificar possíveis filtros que estejam tingindo o seu julgamento.

O distanciamento ajuda no desapego da situação ou da pessoa, abrindo caminho para o aprendizado e a evolução espiritual. Quando estamos obcecados pelo problema, bloqueamos a fluidez da mudança, porque ficamos presos ao passado. Evoluir significa aceitar a transformação na vida, sabendo que algo sempre fica para trás, a fim de que surja espaço para o novo. O tempo não para e todos os momentos são de recomeço. As decisões nos movem porque a elas seguem-se condutas que nos fazem chegar a distintos lugares.

Seja uma pessoa de atitude, mas veja cada ação como uma oportunidade estratégica de mudar a sua vida.

Quando aprendemos a tomar decisões com consciência e uma boa dose de intuição, nada ou ninguém é capaz de nos segurar.

PARA AUMENTAR SUA ENERGIA

83. Identifique os predadores da sua frequência energética

"Atitude! Você sabe, agora mesmo estamos rodeados por tantos comentários negativos por aí, tanto cinismo, tantas pessoas que desistiram e se cansaram. Eu sei que não é você, mas você tem que melhorar a sua atitude se quiser ir para o próximo nível. Todos nós temos." (Brendon Buchard)

Quando eu estava fora do meu equilíbrio, atividades rotineiras sugavam toda a minha energia.

Às vezes, ela se esgotava só de preparar o alimento das minhas filhas e dar banho nelas. Eu pensava: não é possível que esses cuidados tão simples e amorosos me deixem assim, como um carro sem bateria!

Então, comecei a observar o que provocava aquele desgaste. Percebi que o problema não era cuidar das crianças: havia outros predadores disputando a minha energia. Existem os externos, acontecimentos, pessoas, situações em que nos envolvemos, às vezes involuntariamente, porém, os mais poderosos brotavam dentro de mim – eram meus pensamentos autossabotadores, como o medo de fracassar e de ser julgada. Eu não conseguia controlar a minha mente, e ela vagava livremente, gerando atitudes que corroíam o meu bem-estar.

Vejo muitas pessoas sem vitalidade, sem ânimo para nada, exaustas no dia a dia. Conheço esses sentimentos. Eles nos invadem quando menosprezamos nosso poder interior de produzir energia positiva e deixamos que o medo perturbe a nossa paz. A energia psíquica pode tanto ser usada para o bem quanto para o mal. Podemos ser os agressores ou os salvadores da nossa mente. É uma questão de decisão e atitude.

Na maioria das vezes, os predadores de energia são sentimentos negativos que alimentamos constantemente, como a inveja, o medo e a insegurança. Eles geram uma energia pesada que nos predispõe a enfermidades de origem desconhecida pela ciência, tais como somatizações. Aprendi com a física quântica que somos todos energia e que nossas vibrações nos conectam ao outro. Se nossa frequência vibratória anda baixa, ficamos vulneráveis a doenças, porque estamos energeticamente desprotegidos. É como deixar uma porta aberta para o mal entrar, com repercussões terríveis para o nosso corpo físico, nossa mente e nosso espírito.

Quando vemos alguém infeliz ou desanimado, há boas chances de que essa pessoa esteja com a carga energética baixa, o que limita suas condições para discernir o melhor caminho. Então, entra em um círculo vicioso de eventos que se repetem sem que o indivíduo consiga perceber o que precisa mudar. Uma verdadeira bola de neve. Graças à força do pensamento, não é incomum que aquilo que mais temíamos de fato aconteça e que nossas queixas acabem se materializando. Os problemas se sucedem sem nos dar tempo de respirar.

Se você se sente ou já se sentiu dessa forma, com a mente tomada por uma perturbação que mina suas energias, é porque os predadores estão atuando. É hora de trabalhar pela manutenção da sua energia, em vez de insistir em prosseguir apesar da exaustão. Imagine que temos dentro de nós um reservatório de vitalidade que está com a carga completa pela manhã e vai consumindo-a ao longo do dia. À noite, nos reabastecemos durante o sono. O problema é que muitos de nós chegam ao final do dia com o tanque vazio. Outros já começam a jornada completamente sem combustível.

Hoje, quando vejo que essa "reserva" começa a baixar, faço a minha "manutenção". De que forma? Cuidando da minha saúde física, mental e espiritual. Procuro ingerir mais água, pratico exercícios para fortalecer meu corpo, consumo alimentos capazes de me oferecer vigor, em vez de drená-lo.

Prestar atenção em si mesmo é parte importante da manutenção. Uma pessoa que se conhece bem consegue perceber qualquer alteração de energia. Graças a isso, aprende e aprimora maneiras mais saudáveis de conduzir a própria vida e lidar com as consequências de seus atos. Para transformar algo, precisamos conhecer o que precisa ser modificado.

Quando nos observamos como seres humanos capazes de alterar a própria frequência vibratória, compreendemos que está ao nosso alcance eliminar queixas e analisar a vida sob um prisma positivo para, pouco a pouco, elevar a sintonia. Com pequenas atitudes no dia a dia, passamos a escolher os pensamentos que desejamos nutrir. Disso resultam ações e palavras de poder.

Essa dinâmica produz um campo fértil para semear boas ideias, otimismo, gratidão e atitudes positivas que alavancam nossos sentimentos e nossa vida para outro patamar de energia. É nesse novo patamar que a solução, os milagres e as bênçãos acontecem.

A base de toda manifestação psíquica está na nossa mente que, por sua vez, é o espelho da vida e precisa ser lapidada e educada para que atinjamos a luz.

84. Afaste-se dos sugadores de energia

"Que tem muitos amigos pode chegar à ruína, mas existe amigo mais apegado que um irmão." (Provérbios, 18:24)

Tenho certeza de que você conhece pessoas que drenam sua energia. Ou situações.

Uma forma de ter clareza sobre quais são os sugadores de energia é se perguntar:

a. Que atividade você realiza durante o dia, mas não gosta de fazer?

b. Com quem você fala durante o dia, que costuma ser muito difícil?

Coisas que você não gosta de fazer, mas faz, são grandes ladrões de energia. Por isso, fique atento. Perceba o momento em que a energia pode estar indo embora e trabalhe para mantê-la.

Depois de descobrir as tarefas ou pessoas que esgotam você, imagine como poderia realizar essas mesmas atividades ou falar com essas mesmas pessoas sem que isso fosse difícil para você.

No começo pode ser difícil encontrar a resposta, mas não se preocupe: a simples percepção do que está acontecendo já é o passo para a libertação. O estado de presença faz com que você se conecte com a sua mais pura verdade. Corpo e mente unem-se canalizando energia para dentro do seu ser, evitando o desperdício de vitalidade com preocupações, emoções negativas e opinião alheias. Coloque a intenção de se sentir bem, mesmo nesses momentos, e observe o universo se abrindo.

Aos poucos se sentirá melhor e sua resposta virá.

Eu me imagino protegida por raios de luz. A energia escura que tenta me envolver se dissolve pela ação deles, transformando-se em ar puro e perfumado. Você pode inventar o que quiser, desde que faça sentido para você. O poder que o criou também lhe deu arbítrio para criar os seus pensamentos e as suas escolhas.

Muitas pessoas me perguntam o que fazer quando os tais sugadores de energia são pessoas que amamos. Às vezes, até estamos bem, acordamos alegres e animados, mas entrar em contato com a energia dessas pessoas, por mais amadas que sejam, muda nosso padrão vibracional.

Como fazer para isso não acontecer?

Certa vez, conversando com a especialista em Constelações Familiares, Cornelia Bonenkamp, ouvi algo que fez total sentido para mim. Quando alguém de quem gostamos está muito triste, com uma energia muito baixa, nosso primeiro impulso é fazer o que for preciso para tirá-la desse estado. Não compreendemos, e é difícil, mesmo, qual é a verdadeira ajuda que podemos oferecer.

E que é a verdadeira ajuda? Digamos que alguém esteja sentado no esterco gritando, a verdadeira ajuda não é tirar a pessoa de lá, mas sim respeitar até que ela peça algo. A verdadeira ajuda consiste em respeitar o estado de tristeza do outro. Quando consigo isso, posso realmente olhar para o outro em perspectiva, e sua energia ruim deixa de me contaminar. Consigo separar o que é meu do que é do outro e, assim, lidar melhor com a situação e com os sentimentos que ela provoca em mim. Além disso, se eu ajudar antes que a outra pessoa peça, ela cairá de novo, pois não havia fortalecido suas pernas para a caminhada – ao contrário, foi carregada por mim.

Uma das bases é sempre cuidar do próprio bem-estar e saber o que é da minha responsabilidade e o que é da responsabilidade do outro.

85. Elimine os relacionamentos tóxicos da sua vida

"Lembre-se dos três R: respeito por si próprio, respeito ao próximo, responsabilidade pelas ações." (Dalai-Lama)

Há pessoas tóxicas na vida de todos nós e nem sempre podemos nos livrar delas; algumas até amamos (mas nem por isso deixam de ser tóxicas). Porém, é possível neutralizar o poder que elas têm de nos fazer mal.

Não é fácil, mas é simples. Entenda o seguinte: aquela pessoa tóxica não é você. A maneira como ela age ou fala com você não pode definir o seu bem-estar. Esse é o segredo: diferenciar o que é seu e o que é do outro.

Às vezes, de fato, é possível bani-la da sua vida. Pode acontecer com aquele amigo que nem é mais tão amigo assim; com aquele chefe ou aquele funcionário que sempre nos causa desconforto. Mas quando se trata de pai, mãe, filho, filha, marido, mulher ou outro familiar, você precisa eliminar o mal que essa pessoa lhe faz por meio de um processo de "desidentificação". De novo: o que na pessoa faz mal a você *não é você*, se não é você e está fora, não tem o poder de intoxicá-lo. Caso tenha se sentido assim, é sinal de que, de maneira inconsciente, aquele comportamento despertou algo em você, o que pede uma reflexão mais profunda. Auto-observação é o mais importante.

O primeiro passo para se "desidentificar" é perguntar-se: o que me incomodou foi algo em mim ou no outro? O que existe em mim que reverberou esse incômodo? Uma determinada frequência só ressoa em nós quando estamos mergulhados nela ou se há algo dela latente em nós, senão não tem jeito: não penetra.

O incômodo só se instala porque existe uma parte muito incomodada em você, simples assim. Então, uma das formas que uso e recomendo para restaurar o equilíbrio é aumentar a conexão com situações e pessoas que enchem sua vida de alegria. Reflita sobre o seu dia: quanto tempo você passa às voltas com a energia do aborrecimento? E com a do prazer?

É hora de parar e perceber que o erro não está no outro, mas principalmente em você, ao permitir que o outro lhe faça mal e acreditar que não tem poder sobre isso. Você tem poder, sim. É só reconhecer e usar.

86. Conecte-se com o que traz energia e disposição

"O pensamento não pode resolver problemas. A energia e a clareza de ver podem." (Toni Packer)

Todo santo dia somos massacrados por notícias que podem afetar nossas vidas negativamente. Depois que escolhi não mais "sintonizar" os canais que trazem tais informações, me deparei com uma questão: fugir é o remédio? Também me preocupei com o que pensariam de mim: me achariam alienada por não saber o que estava acontecendo em determinado momento? Hoje encontrei a minha paz, pois sei quais são os meus reais valores, e não é uma notícia que mudará aquilo que sou. Agora escolho o que ouvirei e com o que irei me conectar.

Quando não é possível nos desconectarmos do que nos agride, porque vem pelo WhatsApp, pela TV, pelo rádio do carro ou é de repercussão geral, precisamos treinar nossa mente para não deixar que essas informações nos contaminem. Certas coisas escapam de nosso controle e não adianta ficar preocupado nem apavorado com elas, pois se resolverão sozinhas, independentemente do estado de nossa vontade.

Em 2018, por exemplo, correu a notícia de que haveria uma paralisação de caminhoneiros. Faltaria combustível e possivelmente não teríamos como abastecer nossos carros. Essa informação gerou pânico. Motivados pelo medo, todos correram para os postos de gasolina. Resultado: a profecia se realizou. Os combustíveis de fato acabaram em vários estabelecimentos, e a sensação era de caos. Dias depois, houve uma negociação com o governo e tudo voltou ao normal.

Todo mundo soube disso, pois era uma notícia difícil de ignorar. Mas o que eu gostaria de perguntar a você é: de que adiantaria deixar-se contagiar pelo pânico, se a greve estava além do nosso controle, como pessoas comuns? Quando não podemos controlar determinados eventos, deveríamos delegar ao poder maior, orar ou simplesmente esperar, em vez de propagar ainda mais medo e preocupação.

Já acordamos bombardeados por mensagens via celular. Muitas vezes, são informações que nos trazem preocupação e insegurança. Percebo que um grande número de pessoas gosta de alimentar o espírito justamente com tais inquietações que não têm o poder de nutrir a alma. É claro que determinados assuntos chegarão a nós de uma maneira ou de outra, mas de nada adianta entrar em pânico. Isso só desequilibra o organismo.

Uma atitude poderosa para se manter bem é começar o dia buscando tudo aquilo que, claramente, agrega energia boa e disposição para enfrentar os desafios cotidianos. Não vale dizer que não tem tempo – sugiro deixar de lado as redes sociais por 40 minutos, por exemplo, e ligar para uma pessoa querida com quem você não fala há tempos. Ou tomar um banho gelado logo de manhã cedo. Ou dar um longo abraço em alguém importante, seu coração batendo em uníssono com o do outro. Levar o cachorro para passear. Fazer uma corrida leve. Poderia escrever páginas e páginas sobre situações que favorecem a energia boa, mas prefiro convidar você a uma viagem interior, perguntando-se o que fará bem a você.

Um alerta: não adianta fazer de conta que está com a energia lá em cima se o seu estado real não é esse.

Identificar o que está sentindo para entender o que está emanando é uma atitude poderosa, pois só depois desse processo será possível mudar o seu estado para se conectar com o que verdadeiramente faz você ficar bem.

Quer emanar amor? Conecte-se com o que ama fazer e com as pessoas com quem ama estar. Quer emanar felicidade? Conecte-se com o que faz você feliz. Quer emanar alegria? Conecte-se com o que faz você dar boas risadas.

87. Recarregue-se com a energia da natureza

"O xamã vive um estado de consciência singular, que o faz entrar em contato íntimo com as energias cósmicas. Ele entende os chamados das montanhas, dos lagos, das florestas, dos animais, das estrelas e dos outros. Sabe conduzir tais energias para curar e harmonizar o ser humano com o todo. Em cada um de nós existe a dimensão xamânica escondida em nossa interioridade." (Leonardo Boff)

Sempre me abasteci da energia da terra. Ando descalça com frequência e sinto meus pés captando e trocando energia com o solo. Essa conexão com a natureza começou quando eu ainda era criança.

Nasci em Recife. Desde pequena, gosto de sol, praia, animais, terra, lua e estrelas.

Com o tempo, acabei me desconectando de tudo aquilo que me ligava ao meu Criador. Felizmente, percebi em tempo o vazio que tomava conta do meu ser e resolvi restabelecer a conexão com tudo o que vinha da natureza. Resgatei meu contato com essa força vital e estudei a respeito. Entendi que não era loucura da minha cabeça: desde os antigos xamãs até os físicos contemporâneos, todos conhecemos o efeito purificador da energia da natureza sobre nós.

Nossa vida preenchida pela tecnologia vem nos afastando da nossa essência. Sem perceber, nos distanciamos da natureza que vibra e pulsa.

Hoje sei o quanto me modifico à medida que desperto para essa conexão. Todos os seres da Terra convivem com diferentes forças: a gravitacional, a eletromagnética, a nuclear. Juntas, elas nos sustentam. "Mantenha os seus olhos nas estrelas e os seus pés na terra", afirmou o presidente americano Theodore Roosevelt. Absorver a energia da natureza ajuda a preservar a harmonia do corpo e do espírito.

Podemos interagir com as forças naturais ativando os chacras, pontos de energia que se distribuem pelo nosso corpo. Por meio deles é possível absorver a energia das plantas, dos minerais, da água, do ar e do sol, metabolizá-la pelo nosso corpo energético e, comprovadamente, ganhar vitalidade e relaxamento.

Muitas pessoas hoje acham que conseguirão se recarregar por meio da conexão com seus aparelhos eletrônicos. Na verdade, ao fazer essa escolha, elas acabam perdendo sua vitalidade natural. Você já deve ter reparado que, quando viaja e tem contato com a natureza, retorna com mais energia vital.

Mesmo quando isso não é possível, há saídas. Aproxime-se de uma bela árvore, por exemplo, e procure se fundir com a energia dela. Perto da minha casa existe uma árvore milenar. Coloco minha mão em suas raízes, fecho os olhos e procuro imaginar quanta energia e sabedoria ela guarda. Eu me beneficio daquela força inesgotável.

Certa vez, fechei os olhos, pedi permissão para me sentar ao seu lado e coloquei uma intenção naquele momento. Respirei profundamente e perguntei o que ela poderia me ensinar sobre a vida. Instantes depois, um segredo se revelou a mim: para sobreviver em dias desfavoráveis, aquela árvore criou raízes fortes e cresceu em direção à luz. Isso porque, independentemente do que acontecesse, ela era a única responsável por se manter de pé. Nesse dia tive a confirmação de que, embora existam circunstâncias e acontecimentos tristes, eu crio a minha realidade. Se posso destruir, tenho o poder de construir e reconstruir.

Também gosto de me conectar com a água, tomando banhos de mar ou de cachoeira. Ambos me reabastecem de maneiras distintas. O segredo é sempre, no momento da conexão, colocar a intenção do que você está buscando.

Adoro a energia da terra. Quando andamos descalços na grama, por exemplo, os chacras nos nossos pés fazem com que troquemos a vibração energética que havia em nosso corpo. Assim, vamos nos reabastecendo aos poucos. Quando esses chacras estão fechados ou debilitados, você corre o risco de ficar preso à realidade coletiva, como uma folha ao vento, refém de circunstâncias e pessoas. Ao ativá-los, você ajuda a dar corpo às suas ideias, fazendo com que se concretizem. Cria-se um campo magnético. Passamos a sentir a conexão com a terra e a reconhecer nosso espaço neste planeta.

Os estudiosos do xamanismo recomendam que, ao menos por dez minutos diários, nos conectemos com algum elemento da natureza para purificar nossas energias.

Creio que há uma força maior que nos impele a lugares conforme a nossa necessidade. Às vezes, minha intuição me diz que devo ir à praia e é lá que acabo recarregando minhas energias. Outras, que devo fazer uma corrida matinal em um lugar com ar puro e lá me abasteço de *prana* (energia espiritual). Respiro profundamente e visualizo meus pulmões se enchendo de amor, paz, alegria ou qualquer outro sentimento que eu esteja buscando naquele momento. Imagino o ar que expiro levando embora o que me incomoda: estresse, ansiedade, insegurança, medo de rejeição. Em determinados dias vou até uma cachoeira. Em outros, aceito um convite interior para ficar em silêncio, parada em posição de lótus sob o sol ou a lua.

Vários estudos científicos vêm comprovando que tanto a nossa saúde física quanto a mental se beneficiam da conexão com a natureza. Um deles, realizado por Richard Ryan, professor de psicologia da Universidade de Rochester, nos Estados Unidos, constatou que "20 minutos por dia em contato com a natureza foram suficientes para aumentar significativamente os níveis de vitalidade" dos participantes do estudo.

Examine a sua rotina: como você pode fazer contato com a natureza, mesmo que viva em uma grande cidade? Estou certa de que encontrará uma solução: um parque, um mergulho em um rio, até mesmo uma caminhada com os pés descalços no quintal.

88. Silencie o celular

"A inspiração que você procura já está dentro de você. Fique em silêncio e escute." (Rumi)

A vida moderna parece uma panela de pressão. As pessoas vêm suportando níveis inimagináveis de estresse, sem colocar para fora nada do que as aflige. De repente explodem, porque já não aguentam mais segurar tanta tensão.

É como se estivéssemos em uma guerra, travando lutas intermináveis, sem descanso após cada batalha. É cada vez mais difícil administrar e-mails, compromissos, trânsito, aplicativos e as obrigações diárias. Nossa saúde mental, emocional, física e energética corre risco de colapso.

Cada vez mais as pessoas fazem o necessário, e não o que amam. É assim que sua energia evapora. As ferramentas tecnológicas que, teoricamente, nos ajudariam no trabalho – WhatsApp, Internet, celulares com vários gigas de memória – acabam nos obrigando a trabalhar mais e mais.

Estamos conectados 24 horas, sem descanso e, pior, não vemos problema nisso. Tudo bem o celular apitar no meio da noite, nos acordando para responder um e-mail que parece importante.

Na minha vida, houve um momento em que delimitei horários para tarefas específicas, entre elas checar o e-mail. Só então entendi o quanto o excesso de disponibilidade drenava minha energia.

Muitas vezes você está com sua família e um simples e-mail de trabalho, com um problema que pode ser solucionado no dia seguinte, tira você do estado de felicidade de ver seu filho andando de bicicleta sem rodinha pela primeira vez.

Às vezes, aquela mensagem de WhatsApp enviada dentro do grupo da família, mesmo bem-intencionada, pode nos tirar do prumo.

Mesmo quando estamos focados no trabalho, uma mensagem inadequada tem potencial para destruir nossa concentração.

Se você deseja voltar a ter controle sobre o seu tempo, uma atitude poderosa é silenciar o celular. Determine momentos para responder e-mails e mensagens. Entenda que seu espaço é sagrado. Não deixe que o invadam com mensagens fora de hora. Assuma o governo de sua vida e escolha o tipo de conteúdo que irá consumir.

Para escutar o divino dentro de você, é preciso fechar os ouvidos para o externo. Em certos momentos a tecnologia será útil e necessária, mas não se deixe escravizar por ela. Eu checo o celular três vezes pela manhã, três vezes na parte da tarde e uma à noite. Só deixo de cumprir esse combinado interno em casos muito urgentes e especiais.

Hoje, as pessoas enviam uma mensagem e reclamam se você não responde imediatamente. Já caí nessa cilada e aposto que você também sentiu culpa em certas ocasiões por não ter dado atenção à pessoa no momento em que ela requisitou. A atitude poderosa para ter domínio sobre o seu tempo é educar seus contatos. Quando você responde à mensagem na hora em que a recebe, indica que está 100% disponível para as solicitações daquela pessoa. Dali em diante, ela vai esperar, inevitavelmente, que você sempre responda na mesma hora.

Já vi pessoas que se tornaram escravas de seus aplicativos de comunicação. Elas não conseguiam ignorar as mensagens não respondidas e entravam nesse perverso aspirador de tempo.

Lembre-se: você não precisa responder cada mensagem no momento em que ela chega.

Tenho uma amiga cujo celular tocava todo domingo pela manhã, quando ela estava na cama com o marido. Ela sabia que era sua chefe, porque era a única pessoa que ligava naquele dia e horário. Então, minha amiga abria mão de seu momento de relaxamento e prazer com seu parceiro, e ia, imediatamente, atender à solicitação da chefia, mesmo fora do horário de trabalho. Quando ela me contou essa história, falei que ela era responsável, pois tinha permitido que aquilo acontecesse.

Muitos de nós reclamamos sobre determinadas coisas que "os outros fazem conosco". O chefe é sem noção de ligar no domingo pela manhã? Até pode ser. Mas se você atende a primeira ligação naquele horário, abre uma brecha para que ocorra sempre.

Quem determina quando estará disponível é você. Educar seus contatos nada mais é do que desligar o celular na hora em que não quer ser interrompido, ou simplesmente não atender ligações em determinados horários.

Se você atende o celular ou responde uma mensagem às três da manhã, o recado que está passando é: pode me contatar na hora que desejar.

O WhatsApp facilita a nossa vida de uma maneira jamais vista. Ele traz velocidade às comunicações. Ao mesmo tempo, gerenciar o que é importante, urgente e o que pode ser respondido depois é um dever seu. Essa atitude o fará ser respeitado no seu ambiente de trabalho e pelos amigos. Quem não tem noção, que fique sem noção. Respeite sua sanidade mental e seus momentos de descanso.

89. Tenha um orgonite por perto

"Se você quiser descobrir os segredos do universo, pense em termos de energia, frequência e vibração." (Nikola Tesla)

Os elementos da natureza são muito poderosos e nós, seres humanos, somos energia. É inevitável e desejável que haja trocas. Quem nunca pegou um raminho de arruda em um momento de aflição e, depois de passá-lo pelo corpo, sentiu-se melhor – ao mesmo tempo em que a planta murchava quase imediatamente?

Sempre recorro às plantas, mas também tenho comigo um orgonite, objeto que mistura quartzo, resina e metais. Uso em um colar, como um enfeite. O orgonite absorve orgônio negativo (energia ruim presente nos elementos) e o transforma em orgônio positivo (energia boa). O orgônio está em toda parte e é apenas outro nome para a energia etérica (espiritual), *gi* (como é conhecida na China) e *prana* (na Índia). Está na atmosfera, nos rios, no mar, na terra, nas plantas, nos animais e também nas pessoas. Um estado saudável de orgônio (orgônio positivo) surge, por exemplo, em um grupo de pessoas que se divertem em um bosque. O orgônio positivo é expansivo, feliz, úmido e quente. No outro extremo está o orgônio negativo: rígido, contraído, tenebroso, seco e frio.

Você pode colocar o seu perto da cama, no jardim da sua casa ou usar junto ao seu corpo.

O orgonite trabalha sozinho. Pode ficar sobre um móvel, próximo à porta de entrada da sua casa ou no escritório. Correntes de ar não interferem na ação dessa ferramenta que atua como um ímã, atraindo energias negativas e purificando-as.

90. Organize o ambiente para tudo fluir melhor

"Primeiro, damos forma à nossa casa. Depois, ela dá forma à nossa vida." (Winston Churchill)

Procure manter em ordem os locais onde você passa a maior parte do dia, seja a casa, a mesa de trabalho ou o carro. Seu mundo exterior revela o seu mundo interior.

Sempre lutei contra a bagunça na minha vida. Nunca consegui me ver como uma pessoa organizada, por mais que desejasse ser assim. Passei minha infância, adolescência e minha fase de jovem adulta mergulhada em uma guerra entre encontrar e perder objetos. Eu achava que organizar o ambiente era desperdiçar um tempo que poderia ser mais bem empregado em estudos ou em novos projetos. Isso atrapalhou muito a minha vida, e durante muito tempo. Já mãe, me lembro da vontade de sair correndo do apartamento onde morávamos, atulhado de fraldas e mamadeiras.

Aquela bagunça no meu espaço reforçava a minha desorganização interna e espelhava o meu lar emocional. Eu até lidava bem com a organização no ambiente de trabalho e com os estudos, mas dentro de mim pairavam confusão e conflito. Como poderia expandir minha consciência para alcançar novas perspectivas se não sabia nem sequer o que verdadeiramente queria para os meus dias? Só quando mudei internamente entendi a necessidade de fazer a mudança externa, pois aquele ambiente não mais me representava. Arregacei as mangas, arrumei tudo e passei a me sentir bem ali.

Quantas vezes na sua vida você teve dúvida sobre o caminho? Agora pense: nessas ocasiões, o ambiente trabalhou contra você ou em seu favor?

Ninguém está livre de cair na armadilha da desorganização, por isso é importante ficar esperto. A bagunça cresce sem nos darmos conta e nem sempre é visível – pode estar disfarçada dentro de armários que transbordam de objetos inúteis, que não fazem mais sentido. O Feng Shui Interior, que mescla aspectos psicológicos dos moradores com conceitos da tradicional técnica chinesa de harmonização de ambientes, nos alerta: bagunça provoca desgaste emocional e nos mantém aprisionados ao passado.

Tenha coragem de abrir seus armários e olhar para as roupas, sapatos e acessórios. Descarte aquilo que já não serve ou não tem utilidade. Organize seu espaço. Ao fazer isso, além de se sentir bem no ambiente físico, você abrirá as portas para pensamentos e sentimentos positivos, novos *insights* e muito mais disposição e energia.

91. Deixe a água do chuveiro renovar suas energias

"Todas as manhãs nós nascemos de novo. O que fazemos hoje é o que mais importa." (Buda)

Conheço poucos rituais mais terapêuticos do que o banho. Mesmo que de chuveiro, ele pode fazer milagres: afasta as energias ruins que se impregnaram em nós ao longo do dia e lava tudo aquilo que grudou no físico. E não me refiro à sujeira pura e simples: falo do lixo astral, que é tão ou mais nocivo que um simples "cascão". O banho restaura as nossas energias, pois a água tem o poder de transmutar tudo.

Muitas pessoas me perguntam como é o banho ideal para recarregar as energias. Digo a elas que fechem os olhos, imaginem um jato de luz sobre sua cabeça e visualizem o ralo levando tudo aquilo que estava grudado energeticamente nelas.

Pensando na distribuição dos chacras, centros de energia, pelo corpo, é interessante deixar a água cair no topo da cabeça, onde se situa nosso chacra coronário. A limpeza desse chacra nos faz raciocinar com mais clareza, exercendo de modo mais leve as atividades rotineiras, das mais simples às mais complexas. O chacra cardíaco, que fica no meio do peito, também merece atenção.

Se você quiser potencializar os efeitos desse banho, aumentando a produção de substâncias que trazem bem-estar, como testosterona e endorfinas, abra os braços e deixe a água jorrar por dois minutos sobre o timo enquanto faz o som "om" com a boca. Essa glândula fica no meio do peito, acima do coração. Quando somos crianças ela é grande, pois tem importante função biológica na regulação do sistema imunológico, na idade adulta, se atrofia, pois já construímos nossas defesas. Porém, acredita-se que tenha forte conexão com nossas emoções, expandindo-se quando estamos contentes e encolhendo se nos estressamos. Imagine que maravilha poder conectar, logo de manhã, a vida que existe em você e a vida que há no universo, e fazer isso por meio da água, que tem o poder de limpar o que é ruim e estimular o que é bom. É possível, e a palavra *thymos* no grego significa exatamente energia vital.

Adoro fazer exercícios de respiração e visualização durante o banho. A água, um condutor de energia natural, intensifica os efeitos benéficos.

Muita gente gosta de fazer banhos semanais com ervas, rituais poderosos para proteção contra doenças e más energias.

Por fim, tenho uma última recomendação: também é importante lavar a roupa que veio da rua, pois ela captura a vibração dos locais onde estivemos.

Mesmo que a roupa esteja limpa, gosto de passar uma água para purificar a energia que se entranhou nela e colocá-la ao sol. Adquiri esse costume quando estava grávida, orientada por uma senhora cuja missão era usar o poder da oração para curar pessoas. Lembro-me de tê-la procurado em um dia no qual me senti especialmente fraca. Foi quando ela me falou desse ritual de "proteção": banho, lavar toda a roupa, secá-la ao sol. Assim, da próxima vez que eu fosse usá-la, não sofreria qualquer influência de energias exteriores. Faço assim até hoje, e sempre me sinto protegida.

92. Tome banho gelado diariamente

"Como você começa seu dia define como irá viver seu dia. E como você vive seu dia define a forma como viverá sua vida."
(Louise Hay)

Se você der um Google, vai encontrar um punhado de bons motivos para enfrentar uma ducha fria logo pela manhã, inclusive um estudo de 2008 segundo o qual a água gelada ativa o sistema nervoso simpático, aumentando a produção de noradrenalina e combatendo a depressão e a ansiedade. Mas quero acrescentar outro motivo e pedir que pense a respeito disso. Nossa mente sempre busca a nossa proteção, nos diz que não precisamos de água gelada, que o quente é mais aconchegante, no entanto, a partir do instante em que confiamos em nossa força mental e aceitamos esse desafio, informamos a nossa mente sobre quem manda no jogo. Porque ela não é ruim – apenas quer nos proteger. Quando entramos no banho gelado, ganhamos a oportunidade de expandir nossa consciência. Mostramos a nós mesmos que, mesmo em situações difíceis, é possível lidar com algo desafiador se ele traz resultados benéficos. Afinal, quem decide o caminho a seguir somos nós, não a nossa mente.

Confesso que não é fácil. Exige que eu saia do meu campo de aconchego e submeta meu corpo a um choque de alta voltagem. Minha mente fica me dizendo: "Qual é a necessidade disso? Você precisa desse desconforto?"

Já o meu coração sabe dos benefícios que terei ao me conectar à força e ao poder da água gelada. Experimente: como eu, você perceberá que, ao fazer isso, vai se ligar a frequências extraordinárias.

Meu maior exemplo dessa prática é Wim Hof, o atleta holandês conhecido como *Iceman* por escalar montanhas geladas usando apenas um short. O segredo, explica ele, é o controle do próprio sistema imunológico, o que qualquer pessoa pode alcançar por meio do método criado por ele. Quando tomo meu banho gelado pela manhã, começo expondo os braços, depois as pernas e só então o corpo todo. Por mais que sinta vontade de prender a respiração, continue respirando normalmente, pois o banho gelado, além de aumentar a imunidade, também fortalece a força de vontade ao sinalizar para a sua mente que quem controla a sua vida é você.

Isso significa dar adeus ao banho quente? Claro que não! Reserve essa prática para os momentos em que precisa relaxar o corpo, especialmente quando está se preparando para o repouso. Agora, se for falar de ação, de sangue circulando pela veia, o banho gelado é uma ferramenta maravilhosa. Tudo depende da vibração que você deseja despertar em si mesmo naquele momento do dia.

PARA REVITALIZAR SEU CORPO

93. Faça da atividade física um hábito

"Nós somos aquilo que fazemos repetidamente. Excelência, então, não é um modo de agir, mas um hábito." (Will Durant)

Essa atitude pode soar como clichê, mas o fato é que muitas pessoas (ouso dizer que a maioria) deixam a atividade física para quando sobrar tempo. Sabe o que acontece?

Nada. Nunca sobra tempo.

Além de todos os benefícios comprovados da prática regular de atividade física, como a sensação de bem-estar desencadeada pela liberação de endorfinas, a melhoria da condição cardiovascular e o fortalecimento dos ossos, ela nos conecta a três elementos vitais: poder, força e ação. Exercitar-se exige que saiamos da zona de conforto, independentemente da modalidade. Nesse momento, você mostra ao seu corpo que está no comando.

Se for possível conectar-se a essa potência toda logo nas primeiras horas da manhã, melhor ainda: o cérebro buscará congruência com aqueles sentimentos ao longo do dia, acrescentando vigor e qualidade à sua jornada. Além disso, acredito profundamente no poder da atividade física para mudar não apenas o nosso corpo, mas também a nossa fisiologia. Essa transformação, por sua vez, mexe com o nosso cérebro. Uma pessoa que caminha com as costas retas, por exemplo, transmite ao cérebro a sensação de segurança e autoconfiança.

Nosso corpo guarda informações sobre o que nos acontece. Já observou como a cabeça pode começar a doer imediatamente após um grande estresse? Ou a coluna "travar" depois de um dia tenso? Pois é: o corpo fala. Se você aprender a se comunicar com ele por meio da atividade física, vai ajudá-lo a aliviar tensões e fortalecer os músculos para os desafios de cada dia.

94. Fortaleça os músculos do abdome

"A felicidade e a saúde são incompatíveis com a ociosidade." (Aristóteles)

O LPF (*Low Pressure Fitness*) é um sistema de ativação profunda da musculatura do abdômen, que estimula o transverso (músculo da cintura) e outros músculos que se encontram perto das costelas. Houve uma época em que eu fazia 15 minutos diariamente, e os resultados foram formidáveis. Por isso recomendo – mesmo que hoje não pratique com tanta assiduidade.

Concebido pelo espanhol Piti Pinsach, o LPF tinha como objetivo original ajudar na recuperação de mulheres no pós-parto, em especial aquelas cuja musculatura da barriga se rompeu, provocando desconforto e flacidez. Mas logo ficou claro que os exercícios tinham um potencial muito maior: eles tonificam a musculatura abdominal de maneira eficiente, segura e rápida.

Quando comecei a praticar, percebi que o LPF vai muito além de trabalhar a famosa "barriga negativa". Trata-se de uma atitude poderosa que, à parte os benefícios estéticos, ajuda na postura, no condicionamento físico, na respiração, no desempenho sexual, no fortalecimento da coluna e do assoalho pélvico, além de proporcionar bem-estar físico e mental. O momento do LPF é um tempo que escolho para me conectar internamente.

Sugiro esta postura para a realização da prática: deite-se de barriga para cima, estique os braços para o alto mantendo as escápulas contraídas e mantenha as pernas semiflexionadas, com o calcanhar bem apoiado ao chão.

O grande segredo são os ciclos respiratórios, três no total. Inspire pelo nariz e expire pela boca, contraindo o abdome sem estufá-lo. Quando finalizar o terceiro ciclo, sem ar nos pulmões, imagine que está colando sua pele na parede do abdome.

Segundo o educador físico Marcelo Tavares, o melhor horário para praticar o LPF é pela manhã, nunca com o estômago cheio – deve-se esperar no mínimo uma hora após a refeição matinal. O tempo é você que determina, de acordo com o seu condicionamento respiratório. Que tal dar uma chance para o novo?

95. Alongue-se

"Não há que ser forte. Há que ser flexível." (provérbio chinês)

Para mim, alongamento tem mais a ver com o cérebro do que com o corpo físico. Levo a energia da flexibilidade para todos os demais setores da vida. O Pilates, que pratico sempre, não deixou apenas meu corpo mais forte: me fez mais flexível para enfrentar desafios.

O tempo vai nos deixando mais rígidos, tanto física quanto mentalmente. A prática regular do alongamento ajuda a combater as duas formas de rigidez.

É preciso encontrar um tempo para alongar seu corpo. Ioga e Pilates preveem várias possibilidades de alongamento, além das aulas convencionais específicas que a maioria das academias oferece. No mínimo, procure se alongar a cada 50 minutos enquanto estiver trabalhando.

Perceba como os animais se alongam ao acordar. Observe os bebês que se esticam quando despertam. É natural que, de tempos em tempos, o corpo alivie as contrações alongando-se ao máximo. O alongamento também permite uma movimentação da energia do corpo.

Alongue-se e cresça na vida. Essa é uma atitude poderosa que assumi e veio para ficar!

96. Dance pela sua felicidade

"Quem não ouve a melodia acha maluco quem dança."
(Oswaldo Montenegro)

Imagine alguém dançando. Agora responda: para você, essa pessoa está alegre ou triste?

Estou certa de que sua resposta foi: "alegre". Pois é, não dá para ver alguém movimentando o corpo e imaginar tristeza. A mente entende do mesmo jeito. À medida que você coloca o seu corpo para dançar, manda uma mensagem para o seu cérebro de que está tudo bem, você está alegre. Adaptei o ditado popular para "quem dança seus males espanta".

Eu procuro sempre dançar, acompanhada ou sozinha. Meu marido não era muito disso, se achava duro por ser forte e muito alto. Até que, por amor, aceitou fazer junto comigo o curso de dança. Depois de algumas aulas me confidenciou que, embora achasse difícil aprender os passos, nos momentos em que estávamos dançando ele não conseguia pensar mais em nada. Mesmo que o dia de trabalho tivesse sido pesado e houvesse um punhado de problemas para resolver, o corpo e a mente dele só conseguiam se conectar com a dança.

Dançar é uma forma de nos reconectarmos com nosso centro e, assim, torna-se uma atitude de cura. Quando sinto que é hora de colocar energias em movimento, escolho uma música e expresso sentimentos e sensações com meu corpo. Deixo que a vibração da minha alma se traduza em passos e gestos que podem parecer desalinhados, mas desbloqueiam o que está guardado lá no fundo.

Muitas vezes não conseguimos nos expressar por meio

de palavras. Porém, à medida que mexemos o corpo, nos sentimos mais leves e conscientes, e conseguimos acessar e dissolver memórias desagradáveis. Foi assim comigo quando, durante um treinamento sobre física quântica com o professor Amit Goswami, uma instrutora propôs uma dança de liberação energética. Eu me entreguei às sensações e acessei memórias desagradáveis da infância que nem sabia que estavam armazenadas dentro de mim. O movimento me libertou daquelas lembranças e fui tomada por um maravilhoso bem-estar.

Dançar livremente, sem a interferência do pensamento, é mais que um exercício, é um jeito de deixar a vida fluir. É confiar em um poder maior que nos guia. É meditar com o corpo. Quando alcançamos a harmonia entre o ritmo da música e o bater do nosso coração, ficamos mais receptivos aos sinais que a vida nos apresenta. Ao mesmo tempo, exercitamos o entendimento de que, em determinados momentos, a vida não segue o ritmo que desejamos. É nessas horas que devemos "dançar conforme a música".

Deixe seu corpo se movimentar à vontade, sem julgamentos. Permita que os bloqueios se desfaçam sob a encantamento da dança. Além de ser uma atividade física prazerosa, dançar ajuda a combater o estresse e doenças, como depressão, além de aumentar a autoestima. Hoje em dia, a dança é recomendada como terapia complementar. Ela aproxima as pessoas, diminui a timidez, traz uma sensação de liberdade e afasta temporariamente os problemas. Também estimula a produção de serotonina, substância que contribui para o bem-estar emocional.

Os maoris, povo nativo da Nova Zelândia, têm uma dança de guerra muito famosa chamada Haka. Não por acaso, os jogadores do time de rúgbi neozelandês All Blacks executam a Haka antes de cada partida, profetizando sua vitória e intimidando os adversários com gestos que evocam força e união. É forte assim o poder da dança.

E se você tivesse um grito de guerra *todo santo dia* para decretar a sua vitória? Inspire-se nas danças tribais e crie sua própria dança, seu grito de vitória Todo Santo Dia (TSD)! Eu tenho o meu. Bato com as mãos no centro do meu peito e repito algumas vezes para mim mesma: "Tudo posso, tudo posso, em mim e Naquele que me fortalece. Sou luz, sou força, sou energia". Outro ritual de poder aparentado com a dança consiste em deslocar o corpo para a frente, com o punho fechado, enquanto repito: "Ação, ação, ação!" Já ouvi palestrantes pedirem à plateia para falar "Yes!", palavra curta, simples e forte. Você pode usar qualquer uma dessas ou criar o grito de vitória TSD que faça mais sentido para você. Ao finalizar o seu ritual, perceberá que estará mais forte, mais tolerante ao medo, mais audacioso – o que não é sinônimo de irresponsável, significa apenas que, além de programar o cérebro para a vitória, você liberou hormônios e neurotransmissores que proporcionaram sensações de poder e bem-estar.

Além disso, escolha com critério o que você vai ouvir. A música tem o poder de transformar um ambiente, mas também pode trazer vibrações negativas. Ponha para tocar aquelas canções que simplesmente fazem seu corpo querer se mexer sem qualquer esforço. Quando tiver incorporado o ato de dançar à sua rotina, experimente soltar a voz enquanto dança. Escolha uma letra que faça você se sentir melhor. Cantar, assim como dançar, é uma atitude milagrosa e uma oração de grande poder.

97. Preste atenção na sua postura

"O modo como você conduz seu corpo – expressões faciais, posturas, respiração – afeta a sua forma de pensar, sentir e se comportar." (Amy Cuddy)

Nosso corpo informa sobre nós muito mais do que imaginamos. Quando atentamos para o nosso modo de posicionar o ombro, endireitar (ou não) as costas, até mesmo a intensidade das passadas, podemos ter vários *insights* sobre como nos comportamos diante da vida. O corpo é quase um cartaz do que se passa no nosso íntimo.

Certa vez, li uma frase que calou fundo no meu coração. Era assim: "Faça até se tornar".

Pois bem: depois de observar atentamente a sua postura, pratique a postura que deseja exibir diante dos desafios diários. No começo não será fácil, mas o tempo se incumbirá de torná-la cada vez mais natural, com reflexos diretos na sua saúde física e mental.

Sim, pois a postura pode ser responsável pela maneira como você se sente. Segundo a psicóloga Amy Cuddy, professora da Harvard Business School, 80% da nossa comunicação é não verbal. Há uma lei de causa e efeito entre nossa linguagem corporal e a nossa mente, ou seja, se você sente uma emoção, seu corpo reage de modo característico, e vice-versa. Por exemplo, se você está feliz, seu corpo reage geralmente sorrindo. Entretanto, se estiver triste, mas se forçar a sorrir durante dois minutos, já se sentirá melhor.

Não menospreze os efeitos que seu corpo pode provocar. Sinta-se divinamente bem durante todos os momentos de sua vida. *Todo santo dia.*

98. Dê preferência aos alimentos da terra

"Estamos tentando preencher um vazio, e a comida se transformou no jeito mais rápido de fazer isso." (Deepak Chopra)

Desde 2017, reduzi meu consumo de carnes e passei a me alimentar mais com nutrição da terra. Não ajo assim movida por ativismos, mas sim por acreditar que meu corpo tem uma inteligência divina que se comunica comigo e me informa de suas necessidades e carências. É como enxergo a vida, sem preceitos alimentares rígidos, mas adotando no dia a dia uma flexibilidade que favorece a minha integralidade.

No começo, como muitas pessoas que conheço, eu tinha medo de abrir mão de proteínas de origem animal. Achava que me sentiria fraca e menos disposta. Pois foi justamente o contrário: com o tempo, passei a me sentir mais vigorosa. Meu bem-estar aumentou!

Sabemos de todo o sofrimento que o animal vivencia nos momentos que antecedem o abate e até mesmo enquanto se desenvolve, recebendo hormônios e medicamentos. Ora, se somos energia, naturalmente o que ingerimos à mesa nos influencia. O bem-estar que sinto, porém, não se resume à melhora da carga energética: acredito que contribuo para um ecossistema mais saudável.

Minha decisão foi pessoal e partiu de questionamentos racionais e espirituais. Tenho outras fontes de proteína além da carne? Para me alimentar, será que preciso, de fato, que um ser vivente morra? Se eu deixar de comer carne, qual o impacto que minha atitude terá sobre o meio ambiente, o meu corpo e a minha alma? Até então, comi carne porque gosto ou porque me disseram que era bom? Tudo que aprendi até hoje é verdade?

Como acredito que somos todos um e que cada comportamento afeta diretamente a nossa vida e a vida daqueles ao nosso redor, perguntei, também, se comer carne iria me aproximar ou me afastar da minha intenção de evoluir como ser corpóreo e espiritual.

Veja que esses questionamentos são particulares, assim como as respostas. Não quero me aprofundar nessa questão porque acredito que cada pessoa deve buscar o que entende ser melhor para si a cada fase da vida. Embora os documentários *Cowspiracy* (2014) e *What the Health* (2017) tenham sido alvo de algumas críticas, recomendo que você assista a esses filmes. Eles ajudam a entender melhor o outro lado da moeda. Assistir não significa aceitar tudo como a mais absoluta verdade, mas, sim, se abrir para novas possibilidades, dentro de um universo repleto delas.

Aqui, deixo a minha contribuição. Creio que cada pessoa deve vivenciar as experiências no próprio corpo antes de dizer se algo é bom ou ruim. Se você tiver interesse e quiser embarcar nessa jornada com saúde, procure orientação de um nutricionista. Mas, independentemente de sua decisão de renunciar à carne, ou não, recomendo que aumente o consumo de alimentos com energia vital. No churrasco do fim de semana, que tal fazer um espeto de legumes? Sempre que me reúno com amigos e faço essa proposta, ela é recebida com agrado e todos saboreiam e elogiam. Pode ser o início de uma mudança pequena que reverbera para o todo o planeta.

99. Cuide da água que você bebe

"A água é o princípio de todas as coisas." (Tales de Mileto)

Sem água não vivemos. A água é o elemento mais presente no nosso corpo e compõe cerca de 60% do peso de um adulto. Ao longo do dia, por conta da urina e do suor, entre outras funções fisiológicas, perdemos em média 2,5 litros de água – você sabia? Para repor essa perda e manter o organismo hidratado, levo sempre comigo (e recomendo que você adote essa atitude poderosa) uma garrafa de água com gengibre. O gengibre ajuda no combate ao câncer, atenua dores, acaba com o enjoo, ajuda o organismo a absorver nutrientes, previne sinusite e náuseas e melhora o funcionamento do intestino. É um alimento energético e termogênico.

Em casa, adotei outra providência em relação à água que minha família e eu consumimos: comprei um filtro de água alcalina.

A água alcalina é um antioxidante potente e natural que ajuda o organismo a eliminar os resíduos ácidos liberados no processo de digestão. Além disso, ajuda a combater os radicais livres e contribui para manter o equilíbrio entre acidez e alcalinidade do nosso organismo, regenerando as células e combatendo os sinais do envelhecimento. É possível adicionar tabletes à água para deixá-la alcalina ou comprar máquinas que modificam a água da torneira.

Com ou sem gengibre, alcalina ou não, o mais importante aqui é esta mensagem: hidrate seu corpo! A quantidade diária necessária varia de acordo com a atividade física, o peso, etc. Por isso, um bom parâmetro é a cor do seu xixi, que deve ser claro e límpido. Urina com cheiro forte e cor amarelo-escura é sinal de que você está bebendo menos água do que deveria.

100. Afaste-se das radiações enquanto dorme

"Vivemos o fim do futuro." (Zygmunt Bauman)

Durante muito tempo usei o alarme do celular para despertar. Porém, quando me informei sobre as radiações que ele emite, limitei esse uso a situações em que não tenho alternativa.

Passamos tempo demais ao lado do celular, ele é nossa ponte para a vida social, nosso "escritório" que cabe no bolso, o *personal trainer* que conta os nossos passos e muito mais. Isso não faz bem. Se você parar para estudar um pouquinho, descobrirá que existem indícios de ligação entre radiação de celular e câncer. Também estão em curso pesquisas para avaliar a influência da radiação sobre a fertilidade e a hipersensibilidade, segundo afirmou Emilie van Deventer, diretora do Programa de Radiação do Departamento de Saúde Pública, Meio Ambiente e Determinantes da Saúde da Organização Mundial da Saúde.

Segundo a Sociedade Americana contra o Câncer, as ondas dos celulares são uma forma de energia eletromagnética que se situa entre ondas de rádio FM e as micro-ondas. São uma forma de radiação não-ionizante. As provas ainda não são conclusivas, mas, segundo a Sociedade, há "potencial de riscos a longo prazo", especialmente relacionados a tumores na cabeça e pescoço.

Conheço pessoas que desligam o sinal de *wi-fi* da casa durante a noite e também adotei esse cuidado. Se você precisa de ajuda para despertar pela manhã, compre um despertador. O celular fica carregando à noite? Nenhum problema, desde que longe da sua cama. Seu sono e sua saúde agradecem.

101. Exponha-se ao sol com moderação

"O sol é capaz de curar várias doenças." (Dr. Niels Finsen)

Existe uma histeria coletiva em torno do sol. Muita gente diz que causa câncer de pele e envelhecimento precoce, por isso é bom se manter na sombra e lambuzar-se o tempo inteiro de protetor solar. Essas pessoas vivem repetindo que "sol faz mal".

Claro que sol demais faz mal, mas ele também fornece a quantidade necessária de vitamina D que nos ajuda a combater doenças como diabetes, pressão arterial alta, resfriado e tantas outras. Também influencia positivamente a produção de hormônios do bem-estar, como dopamina e serotonina.

Segundo Lair Ribeiro, renomado cardiologista e nutrólogo, 97% dos brasileiros têm deficiência de vitamina D3. Essa vitamina não é produzida pelo organismo e, por isso, precisamos de fontes externas para obtê-la. Recomenda-se a exposição ao sol sem protetor solar por pelo menos 15 minutos ao dia para sintetizar essa vitamina, preferencialmente antes das 10 da manhã ou após as 16 horas, quando a radiação UVB, que causa queimaduras, é menos intensa.

Nem sempre é possível aproveitar o melhor horário do sol. Porém, sempre é possível montar estratégias. Quando estou no trabalho, por exemplo, arrumo um pretexto para atender ao cliente ou falar com o funcionário do lado de fora do escritório. Mesmo sem perceber, a pessoa que está comigo se beneficia da energia do sol e o diálogo flui de modo mais revigorante. Não sei se você tem essa flexibilidade, mas cada pessoa pode armar o próprio plano e criar maneiras para fazer acontecer.

102. Não ignore os sinais do seu corpo

"Seja paciente e gentil. Sobretudo consigo mesmo."
(Brendon Burchard)

Nosso corpo não existe apenas para carregar nossa cabeça: ele nos mostra o tempo todo o que está dando certo e o que está dando errado.

Podemos até comer uma barra de chocolate e sentir prazer, mas a sonolência que vem depois, provocada pela ingestão de açúcar, é indiscutível.

Podemos trabalhar uma semana comendo mal e dormindo pouco, mas dificilmente escaparemos do resfriado que surge porque a imunidade despencou.

Aquela dor de cabeça, a dor nas costas, o estômago sensível: é o organismo sinalizando que alguma coisa está sendo feita de um modo antinatural.

O problema é que nem sempre entendemos o idioma do nosso corpo. Sei que existem viroses e bactérias; também adivinho o que você pensou: nem sempre algo que afeta nossas emoções nos faz adoecer. Concordo, mas sei também que as emoções influenciam a imunidade. Portanto, nunca descarto de imediato a possibilidade de eu ter cocriado o que me aflige. Assim como sou capaz de gerar energia e saúde para o meu corpo, também tenho potencial para gestar males. Quando minha garganta inflama, por exemplo, me pergunto: "O que eu desejava falar e não falei?" Quando é algo referente aos olhos, pergunto: "O que não estou querendo enxergar?" Se é diarreia: "O que precisa sair de dentro de mim?"

E dessa forma construo um diálogo interior com meu corpo. Quem irá responder é a minha intuição.

Pode ser que ela diga apenas que preciso de um tempo e que meu corpo adoeceu para que eu pudesse ter momentos de descanso. Ou que realmente preciso falar, ouvir ou colocar algo para fora... Aquele momento de conexão é sagrado e, na maioria das vezes, depois de um tempo consigo me livrar do mal-estar.

Quando respeitamos nosso organismo, ele funciona melhor. Os órgãos simplesmente farão seu trabalho sem se preocupar em eliminar as toxinas o tempo todo – aquelas que colocamos para dentro sem pensar.

Nosso corpo suporta os "maus-tratos" até um certo limite, e então começa a dar sinais de que não está tudo bem. Podemos fingir que não os vemos, ingerindo medicamentos para amenizar os sintomas.

Observe o seu corpo todos os dias, uma vez por dia, durante alguns minutos. O que ele diz a você? Se é o cansaço que bate, não adianta ingerir mais café e continuar no mesmo ritmo. Ele está dando a dica de que é hora de desacelerar.

Tudo começa com a maneira como vivemos, o que ingerimos e os hábitos que incorporamos ao nosso dia a dia. Você está respirando direito? Tem se movimentado? O preparador físico Nuno Cobra Jr. nos lembra da importância dos três pilares – movimento, sono e alimentação. Sem nos movimentar, naturalmente nosso corpo emite sinais de protesto. Se nos movimentamos demais, ele também reage. Se descansamos pouco, os efeitos no sistema nervoso são desastrosos, se comemos alimentos que não nos nutrem, o corpo engorda e inflama.

O ser humano é uma máquina maravilhosa. Nós é que o prejudicamos com nossos hábitos ruins.

Nosso corpo nos ensina como devemos conduzir nossa vida. Não ignore os alertas que ele envia. Aquela dor no ombro, aquela respiração difícil... Trate disso! Podem ser oportunidades preciosas para entender o que está se passando dentro de nós.

EPÍLOGO
Este livro só vai mudar sua vida se...

Agora que você conhece tantas técnicas para entender como seu contexto influencia suas decisões; agora que sabe buscar e acolher os sentimentos dentro de você; agora que, espero, compreende um pouco melhor o turbilhão e o maravilhamento que habitam sua alma e o seu corpo...

Agora...

... Sua vida vai continuar igual.

Como assim? – você pergunta.

Este livro não vai mudar sua vida.

Nenhum livro vai mudar sua vida. Eu li incontáveis obras, assisti a uma centena de palestras, fiz cursos e vivências aqui e fora do Brasil. Nenhum desses cursos, nenhuma TED, nenhum *coach* mudou minha vida.

Tem gente que acha que construindo uma casa maravilhosa será feliz. Ou conquistando o emprego dos sonhos. Quem sabe no dia em que tiver milhões na conta bancária ou encontrado o companheiro "ideal". Bem, sinto muito, mas não é nada disso que vai fazer você feliz ou transformar sua vida.

Porque só quem pode mudar minha vida sou eu mesma. Só você pode mudar a sua.

Claro que livros são importantes, assim como os cursos e todo o conhecimento que adquirimos ao longo da vida. Saber mais abre nossa mente, desencadeia estalos mentais, traz clareza para nossas resoluções. Mas, se você não transformar o que leu até aqui em atitudes, a simples leitura não fará efeito. Na melhor hipótese, você terá passado apenas alguns bons momentos comigo.

Pensamentos positivos são importantes, mas o que nos move, de verdade, são as **atitudes positivas**. São elas que vão desencadear a química certa no seu organismo e a liberação de **um quarteto de hormônios mágicos: a ocitocina, a serotonina, a dopamina e a endorfina**. Costumo me referir a eles como medicamentos endógenos, ou seja, que se originam dentro do nosso corpo e influenciam nosso bem-estar cotidiano. Esses quatro hormônios, juntos, vão fornecer o "boom" de que você precisa para se sentir feliz.

Para tê-los em abundância, você precisará de um novo estilo de vida. Pois eu tenho uma boa notícia: **a filosofia Todo Santo Dia é exatamente isso, um estilo de vida**, capaz de harmonizar corpo e cérebro, emoções e espírito, para produzir em abundância os hormônios necessários para a felicidade.

Mas atenção: essa é uma mudança que você precisa querer. Você tem todos os recursos para ser muito feliz – se está usando-os ou não, é outra história.

Quando apresentamos sinais de depressão, ansiedade, indisposição e pouca energia, nossos hormônios de bem-estar estão provavelmente em baixa. Porém, se entender que felicidade é um estilo de vida e que certas atitudes favorecem a produção de hormônios associados ao bem-estar, você estará no bom caminho! Ao adotar essas atitudes, terá mais ânimo para realizar seus projetos e alcançar sucesso nos seus sonhos, iniciando um ciclo de abundância e prosperidade.

Liberada nos momentos de afeto, como no abraço e no sexo, a **ocitocina** é o hormônio do amor, que nos faz sentir amados e amando, pertencentes e integrados às pessoas ao nosso redor. Quando abraçamos alguém, atravessamos a ponte que nos separa do outro e juntos construímos relacionamento e conexão. Quer entender como está a qualidade das relações com sua família, seus colegas de trabalho, seus funcionários, seus amigos? Avalie seus abraços. Um abraço de qualidade desarma, não há como abraçar alguém quando se tem armas na mão. Abraços geram respeito, confiança e empatia.

Uma vida social de qualidade é extremamente importante para a produção de ocitocina. Para aumentar os níveis dessa substância no seu organismo, interesse-se pelo outro. Fale, mas sobretudo ouça. Pratique toques sinceros e abrace com amor e carinho.

A **serotonina**, chamada por muitos de hormônio da felicidade, também está relacionada ao estilo de vida. Ela é decisiva para a maneira como respondemos a situações, boas ou não, além de regular a memória e a capacidade de nos concentrarmos. Sua produção aumenta quando nos alimentamos bem, praticamos exercícios físicos, nos expomos à luz do sol em horários benéficos e nos organizamos para dormir as horas necessárias para o nosso pleno repouso.

Não sei se você sabe, mas 90% da serotonina é secretada pelo intestino, que, hoje, sabemos ser o nosso segundo cérebro. É por isso que a alimentação entrou nessa equação da felicidade: quando ingerimos alimentos de qualidade e contribuímos para o bom funcionamento do intestino, ajudamos nosso corpo a produzir o hormônio da felicidade. Aprendi que três alimentos são especialmente potentes para isso: chocolate amargo, banana e grão-de-bico, ricos em triptofano, um aminoácido necessário para o metabolismo da serotonina. Há muitos outros, mas esses são os que consumo preferencialmente.

A **dopamina** ativa o circuito de recompensa no cérebro, e por isso é conhecida como "o hormônio do prazer". Também está ligada à nossa motivação para realizar sonhos e projetos. Assim, quando se sentir desmotivado, dê uma injeção de ânimo nos seus circuitos cerebrais aumentando a produção desse recurso endógeno tão valioso – um "remédio" cuja produção só depende de você.

Consigo adivinhar sua próxima pergunta. Ok, bom saber que a dopamina tem poder, mas como faço para aumentar a quantidade dessa substância no meu corpo? Ora, a produção da dopamina também está relacionada ao nosso estilo de vida e sobretudo ao que comemos – ou deixamos de comer. No meu dia a dia, praticamente eliminei o consumo de açúcar industrializado e aumentei a ingestão de alimentos ricos em tirosina, como sementes de gergelim e de abóbora e abacate. Além disso, como sei da importância do sono equilibrado para o aumento da produção de dopamina, procuro dormir e acordar sempre no mesmo horário. Também me movimento e medito diariamente. Busco ter claro o meu propósito de vida e alinhar minhas atitudes aos meus valores.

Por fim, desenvolvi uma ferramenta simples e eficaz para potencializar a quantidade de dopamina no meu corpo. Chamo-a de "Quadro dos Sonhos TSD" e recomendo-a para você. Em uma folha de papel, desenhe seus desejos mais profundos em todas as áreas da vida (pessoal, financeira, profissional, de relacionamentos, de saúde, da espiritualidade e outras mais) e afixe essa folha em um lugar por onde você passe com frequência. Pode ser no seu escritório, no quarto, no espelho do banheiro – se você for mais tímido, mantenha-a dentro de uma gaveta, desde que a veja *todo santo dia*. O simples fato de visualizar seus desejos ativará o sistema de recompensa cerebral e, consequentemente, aumentará os níveis de dopamina – que, lembre-se, está relacionada ao ímpeto para perseguir suas metas.

Esse é o meu "pacote pró-dopamina" e, como você vê, é apenas... estilo de vida.

As **endorfinas** são liberadas durante e após a atividade física (de novo: estilo de vida!). São elas que produzem aquela sensação de bem-estar quase viciante que vem depois de uma corrida, de uma boa sessão de musculação, de um jogo de futebol, de uma aula de dança.

Essas substâncias, fontes de bem-estar físico e mental, serão nosso "cordão de segurança" para conquistarmos a vida que desejamos.

Escolhi esses quatro hormônios, mas existem outros recursos internos que podemos ativar para ficar bem. Por exemplo, pessoas que meditam costumam apresentar níveis mais elevados no organismo de gaba, um neurotransmissor que proporciona relaxamento e alívio da ansiedade. Outro neurotransmissor extremamente desejável é a anandamida, que ajuda na memória e no controle das emoções, atuando como um antidepressivo natural. Atividade física de alta intensidade estimula a produção dessa substância, bem como o consumo de certos alimentos, como o chocolate amargo – nesse caso, bem amargo mesmo, com teores de até 100% de cacau. Eu como dois quadradinhos todo dia, após o almoço e o jantar, e já me acostumei com o amargor, pois penso nos benefícios que estou entregando ao meu corpo. Uma alternativa é ingerir a semente seca do cacau, que é ainda melhor!

Por fim, quero abrir um espaço aqui para falar sobre

o cortisol, um hormônio de má reputação, associado ao estresse. Não creio que ele seja um vilão, diferentemente do que muita gente pensa.

O **cortisol** é essencial para a nossa sobrevivência. Ele nos coloca em estado de alerta, melhorando nossa prontidão e ativando nosso sistema nervoso e cardiovascular. Porém, um estilo de vida desregrado desequilibra sua produção, assim como situações estressantes, como conflitos e pressões em excesso. Observe, então, que transformar cortisol em hormônio do estresse é, na verdade, responsabilidade de cada um de nós e das atitudes que adotamos. Se praticar atividades físicas regulares, alimentar-se bem e promover noites reparadoras de sono, você verá que o cortisol é um grande aliado da sua energia.

Uma vez, em uma de minhas palestras, ouvi uma pergunta intrigante. Se temos dentro de nós tantos recursos para buscar a felicidade, por que existem mais pessoas infelizes do que felizes? Será que temos mais neurotransmissores de infelicidade do que de felicidade?

A resposta é negativa. Na verdade, não há neurotransmissores de infelicidade.

Então, por que as pessoas ficam infelizes? Pela carência de hormônios de felicidade e bem-estar. Se quiser felicidade, melhore sua saúde. Quanto mais saúde, mais felicidade. A felicidade depende muito mais dos esforços para recuperar a saúde do que do nível de saúde individual. Explico.

Felicidade consiste em atitudes diárias realizadas com consistência. Mesmo uma pessoa com ótima saúde precisa manter uma produção estável, cotidiana, dos quatro hormônios por meio do estilo de vida saudável, ou sua química perfeita se desmanchará.

TODO SANTO DIA

Você se lembra de ter dito recentemente que andava infeliz? Será que andava mesmo ou apenas levava um estilo de vida ineficaz para a sua felicidade? Como ser feliz quando se dorme pouco, bebe muito, come errado, não se exercita e vive estressado? Como ser feliz quando você nem sequer consegue se lembrar do último abraço demorado que deu no seu marido, na sua mulher, no seu filho, no seu pai e na sua mãe, em seus amigos? Nenhum dinheiro do mundo vai entregar felicidade se você não tiver um estilo de vida adequado, aquele capaz de dar um "boom" na sua química interna.

E se fosse um estilo de vida olhar seu marido, sua mulher, seu parceiro ou sua parceira nos olhos e elogiá-lo(a) todo santo dia?

E se você fizesse da coragem de abordar temas difíceis, com seu marido ou sua mulher, seu chefe, com quem quer fosse, o seu estilo de vida?

E se fosse um estilo de vida abraçar as pessoas com amor?

E se fosse um estilo de vida ter congruência entre suas palavras e ações?

E se fosse um estilo de vida dançar, cantar e expressar a sua verdade?

E se fosse um estilo de vida se alimentar bem, fazer exercícios físicos, meditar? Ter um propósito mobilizador?

E se fosse estilo de vida cuidar do seu sono? E se fosse estilo de vida olhar nos olhos de quem você ama *todo santo dia* e fazer declarações de poder, como: "Profetizo luz na sua vida no dia de hoje?"

Como seria sua vida?

Observe que isso tudo só você pode fazer por si mesmo.

Descobri que apenas três palavras podem mudar nossa vida: **Todo Santo Dia**.

Você precisa ser ativo *todo santo dia*. Comer bem *todo santo dia*. Descansar, se exercitar, praticar os afetos *todo santo dia*. Tenho certeza de que, se fizer isso, sua vida vai mudar completamente. Se pela primeira vez, lendo este livro, você enxergou um caminho prático para trilhar rumo à sua felicidade, me sinto encantada e recompensada.

No entanto, repito: não é o livro que vai conectar você com a sua felicidade, o que fará isso é cumprir essa jornada de bem-estar diariamente.

Não adianta você adotar uma atitude hoje e deixá-la de lado amanhã, da mesma forma que não adianta tomar água pela manhã e achar que estará com o corpo hidratado a semana inteira. Assim são os ensinamentos que colecionei e pratico: eles só serão eficazes se forem realizados *todo santo dia*. Com constância e consistência.

Claro, você não precisa aderir a todas as atitudes nem concordar com todas. De qualquer maneira, eleja as suas e pratique-as com constância. Comprovadamente, elas trazem uma perspectiva positiva para o seu dia a dia.

Atitudes esporádicas geram sofrimento e frustração. Sete dietas que não funcionaram valem menos do que uma que realmente deu certo. O eventual, o esporádico, nos conecta com a energia do fracasso.

Quando percebi isso – que são as nossas atitudes *todo santo dia* que mudam nossa vida – pensei: "Preciso contar a todo mundo!". Da minha vontade e determinação nasceu este livro, escrito com amor e com desejo genuíno de melhorar a vida de todos que me cercam.

Na vida, não fazemos apenas as coisas que gostamos. Mas você pode me perguntar: "E se eu não estiver a fim de nada disso? De sorrir nem de abraçar nem de me alimentar bem?" Respondo com outra pergunta: quando você precisa tomar um remédio você toma porque precisa ou porque gosta? Encare assim esses "remédios endógenos" que proponho para a sua vida. Mesmo sem vontade, a partir do momento em que você sorrir, cuidar do que come, abraçar, você vai melhorar a sua química interna.

Nosso cérebro está intimamente conectado com nosso eu superior. Esse eu superior sabe exatamente qual é o nosso propósito de vida, assim como o caminho que devemos seguir em busca de nossa evolução como seres humanos e divinos. Sempre que damos os passos corretos em direção à nossa saúde física, mental, emocional e espiritual, estimulamos nosso cérebro a liberar substâncias de bem-estar e felicidade.

A grande massa se desloca como uma manada na tentativa de preencher o vazio interior. Geralmente, é mais fácil ligar a televisão do que ir para a academia. Entrar nas redes sociais é muito mais simples do que meditar. Comer doce traz muito mais prazer imediato do que alimentar-se corretamente. Quantos usam mecanismos de compensação para fugir de carências! No primeiro momento, parece que funciona, mas depois o buraco no peito vai ficando cada vez maior.

Se deseja acessar a felicidade, adote ações concretas, *todo santo dia*.

Pague esse preço, porque viver feliz é maravilhoso. Cada um só vive aquilo que tolera, e eu desejo que você tolere cada vez mais a felicidade.

Que não seja de vez em quando.

Que seja *todo santo dia*.

TODO SANTO DIA

A família tipográfica Avenir Next foi usada
na diagramação de *Todo Santo Dia*.

Livro impresso pela Gráfica Impress.